さんげ
참회

〈지식을만드는지식 고전선집〉은
인류의 유산으로 남을 만한 작품만을 선정합니다.
읽을 수 없는 고전이 없도록 세상의 모든 고전을 출판합니다.
오랜 시간 그 작품을 연구한 전문가가
정확한 번역, 전문적인 해설, 풍부한 작가 소개, 친절한 주석을
제공합니다.

さんげ
참회

쇼다 시노에(正田篠枝) 지음

박지영 옮김

대한민국, 서울, 지식을만드는지식, 2025

편집자 일러두기

· 이 책은 1947년 발행된《참회(さんげ)》를 완역한 것으로, 저자의 두 번째 저작《이명－원폭 가인의 수기(耳鳴り－原爆歌人の手記)》(1962)에 재수록된 것을 저본으로 삼았습니다.

·《참회》 전문에 덧붙여 작품의 배경을 이해할 수 있는 자료로서 수록한 에세이와 시 또한 같은 저본에서 발췌한 것입니다.

· 초판과 재수록본의 대조 및 번역 보완을 위한 저본으로는 히로시마 문학 자료 보존회의 복각판《참회 : 원폭 가인 쇼다 시노에의 사랑과 고독(さんげ : 原爆歌人正田篠枝の愛と孤独)》(1995)을 참조했습니다.

· 각주는 독자들의 이해를 돕기 위해 옮긴이가 붙인 것이며, 저자의 주석은 원본의 형태를 살려서 본문 안에 기입했습니다.

· 이 책에 수록된 단카(短歌)는 본래 행 구분이 없는 1행시지만 지면 사정을 고려해 3행으로 옮겼습니다.

· 이 책은 국내에 처음으로 번역된 것입니다.

· 외래어 표기는 현행 한글어문규정의 외래어표기법을 따랐습니다.

· 인명이나 지명 등 일본어 고유 명사는 처음 나오는 곳에만 원어를 병기했습니다.

· 말미에 덧붙인 해설은 옮긴이의 논문 〈전후 일본의 원폭 담론과 단카－쇼다 시노에《참회》의 원폭 기억과 계승〉(《일본연구》 제99호, 한국외국어대학교 일본연구소, 2024)의 일부를 발췌해 재구성한 것입니다.

· 지식을만드는지식에서 출간한《히로시마라고 말할 때(ヒロシマというとき)》[구리하라 사다코(栗原貞子) 지음, 이영화 옮김, 2016],《시체의 거리(屍の街)》[오타

요코(大田洋子) 지음, 정향재 옮김, 2024], 《하라 다미키 단편집(原民喜短篇集)》[하라 다미키(原民喜) 지음, 정향재 옮김, 2016] 등과 함께 읽으면 원폭 문학을 이해하는 데 도움이 됩니다.

· 이 책은 2020년 대한민국 교육부와 한국연구재단의 지원을 받아 수행된 연구임(NRF-2020S1A5B5A16082583).

차 례

참회

부록－에세이

부록－시

참회

死ぬ時を
強要されし
同胞の
魂にたむけん
悲嘆の日記

죽을 자리를 강요당해야 했던
내 동포들의 영혼에 바치노라
비탄에 찬 일기를

서문

스기우라 스이코[1)]

원자폭탄의 참극에 대해서 사람들은 체험을 전해야 한다고 생각할 것입니다. 문자를 모르는 사람은 손자 세대까지 계속 이야기를 통해 전달하고자 할 것이고, 문자를 사용하는 사람은 기록으로 영원히 남기려는 의지를 가질 것입니다.

우리 쇼다 시노에 씨는 단카(短歌)로 그 참사를 표현한 것입니다. 단카가 탁상의 산물이 아니라 체험으로부터 체득한 감정을 노래하는 문학이라는 것은 새삼 부언할 필요가 없습니다만, 그 표현 기술의 교졸(巧拙)에 따라 작품이

1) 스기우라 스이코(杉浦翠子, 1885~1960)는 쇼다의 작품을 인정하고 최초로 잡지에 게재해 준 가인(歌人)이다. 본래 유명 단카 모임인 아라라기(アララギ) 동인으로 당대 최고 가인인 사이토 모키치(斎藤茂吉)에게 사사했으나, 사회성과 비판 정신이 결여된 가풍을 비판하며 탈퇴했다. 1933년 잡지 《단카 지상주의(短歌至上主義)》를 창간하고 주지주의적 가풍을 주장했다. 자신의 가집 제목을 따서 후지나미회(藤浪会)라는 단카 모임을 운영했다.

되기도 하고 안 되기도 합니다.

인류가 지구상에 태어난 이래 최초의 사건인 원자폭탄 투하. 그 참사는 산문으로도 어지간한 명문이 아니면 제대로 전달하는 것이 불가능할 것입니다. 하물며 그것을 겨우 31음으로 이루어진 단카 시형으로 만들어 낸 쇼다 씨의 재능에는 경의를 감출 수 없는 바입니다.

현재는 《만엽집(万葉集, 만요슈)》 예찬 시대이므로 만엽의 여성 가인들에게 절찬을 바치고 있지만, 그 여성들은 주로 사랑 노래를 읊었습니다. 하지만 현대 여성 가인의 재능은 그들보다 훨씬 넓은 시야를 가지고 있습니다. 이 가집의 쇼다 씨의 노래들만 보아도 충분히 알 수 있습니다.

원자폭탄이라는 전대미문의 사건. 오늘날까지 인간이 꿈에도 생각하지 못했던 절대적 위력을 노래로 읊으려 하면 대개는 망상적인 단카가 되기 쉽습니다. 묘죠파(明星派)[2] 가인이었다면 반드시 괴이한 언어로 엮어 냈겠지요.

2) 잡지 《명성(明星, 묘조)》(1900. 4～1908. 11)을 중심으로 모인 문예 유파의 하나. 근대 초기의 신문화 도입에 따른 혁신적 분위기 속에서 연애 지상주의적 경향이 강한 낭만파 작가들이 자유분방한 문예 운동을 펼쳤다.

그러한 언어는 단카 문학의 본질에서 떨어진 가치 없는 것입니다. 쇼다 씨가 그러한 사도(邪道)를 따르지 않고 오로지 대상을 똑바로 마주하고 응시해 묘사한 것은 무엇보다 우리 후지나미회(藤浪会)의 단카 지상(短歌至上)의 창작 이론을 익혔기 때문이라고 생각합니다.

근대 과학이 초래한 저 원자폭탄이 온 세상의 생물을 한 순간에 먼지로 만들고 멸망으로 이끄는 놀랄 만한 사건 앞에서, 이 정도로 차분함을 지니고 그 맹위를 직시할 수 있었던 쇼다 씨의 시적 혜안에는 놀랄 만한 점이 있습니다. 이 깊은 정신과 침착한 마음은 쇼다 씨가 지닌 종교적 감화와 평소의 단카 공부에서 얻은 것이라고 생각합니다. 일상에서 일어나는 희로애락의 감정을 결코 소홀히 하지 않고 그것들을 잘 키워 나가고자 한 태도가 우리들 노래를 짓는 사람에게는 습성처럼 되어 있는 것입니다. 나는 쇼다 씨의 이 습성을 이 가집의 노래를 통해 알게 되었고, 그것을 체득해 온 그녀의 오랜 단카 공부에 경의를 표합니다.

이 가집은 그야말로 전례가 없는 것이고, 또 후세에도 없을 것이라고 나는 믿습니다. 이 가집이야말로 오랫동안 단카사상 빛을 발할 한 점의 등불이라고 생각합니다.

1946년 3월 21일

원폭 투하[3)]

번쩍 쾅
그리고 순간 정적
눈을 떠 보니 펼쳐진 수라장에 처참한 신음 소리

ピカッ　ドン　一瞬の寂　目をあけば　修羅場と化して凄惨のうめき[4)]

3) 1946년 8월 단카 잡지 《불사조(不死鳥)》에 〈아아! 원자폭탄〉이라는 제목으로 게재된 39수를 편집해 수록한 것인데, 《이명》에 재수록하면서 제목이 수정되었다.

4) 단카는 띄어쓰기나 행 구분을 하지 않는 시이지만 《이명》에 재수록된 형태는 띄어쓰기가 이루어져 있다. 그 단위에서 운율과 같은 특정한 원칙은 보이지 않는데, 1962년 출간 당시 저자의 건강 상태를 고려하면 한 수의 단카를 한 번에 읊어 내기 어려울 정도의 가쁜 호흡이 무의식적으로 반영된 것으로 생각할 수 있다.

바로 눈앞에 이 무슨 사태인가
누런 연기가 빙글빙글 빙그르
순간 지나쳐 간다

· 세월이 한참 흐른 후에 들은 말에 따르면 이 누렇고 둥그런 덩어리는 황린[5]이라는 것이었습니다.

目の前を　なにの実態か　黄煙が　クルクルクルと　急速に過ぎる

5) 황린(黃燐)은 인의 한 종류로 백린이라고도 부른다. 노란빛을 띠는 분말상 물질로 공기 중에서 자연 발화하는 성질을 지니므로 연막탄, 조명탄, 화염탄 등의 제조에 이용된다. 원자폭탄과는 상관이 없는 물질이지만 당시 사람들은 황린으로 만든 폭탄과 원폭을 구분하지 못했다. 쇼다가 목격한 연기는 원폭의 작렬로 인한 충격파로 강한 폭풍이 발생하면서 주변의 흙과 건물 잔해 등이 휘몰아친 것으로 생각된다.

바로 눈앞의 딸아이의 얼굴이
파랗게 질려 엄마 엄마 외친다
내 고막을 찌른다

蒼白の　娘の顔が　眼のさきに　母さんと叫ぶ　鼓膜をつきて

산산조각 발 디딜 틈도 없는
잔해 더미 속
피투성이 얼굴은 내 아버지의 얼굴

木ッ葉みぢん　崩壊の中に　血まみれの　まっ青の顔
父の顔まさに

구급상자를 가져와야 하는데
발을 내딛어 걸어 보려고 해도
설 수 없는 내 다리

救急箱の　あり処求めて　歩まんとすれど　おのれの足立たざりき

사모님 사모님 부르며 의지해 온
전신 화상에 살이 찢어진 인체
새빨간 석류처럼

奥さん奥さんと　頼り来れる　全身火傷や　肉赤く　柘榴と裂けし人体

여기저기서 불길이 솟는다는
소식 들으며
쉴 새 없이 움직이는 연고를 바르는 손

あちこちに　火の手が上ると　聞きながら　薬ぬる手は やめず動かす

구급 처치 약
다 쓰고야 비로소 알아차렸네
어깨의 상처에서 솟구쳐 흐르는 피

手当の薬　つきて初めて　気づきたり　肩の傷より　吹き出づる血潮

어깨의 상처 피를 멈추기 위해
내 아버지는
피투성이 셔츠를 찢어서 묶었다네

血まみれの　父がカッター　引きさきて　わが肩の血を止めむと結ぶ[6)]

6) 이 작품은《참회》초간본에는 없었으나《이명》에 재수록하면서 추가된 것이다.

지옥의 히로시마[7)]

하늘 위에서 수많은 악귀들이
독 항아리를 엎어 쏟은 것일까
검은 비가 내린다

· 검은 비가 내렸습니다. 누군가가 석유다, 석유다, 외치고 있었습니다. 아무것도 모르고 석유인 줄 알았습니다.

天上で　悪鬼どもが　毒槽を　くつがへせしか　黒き雨降る

7) 《참회》 초간본에는 '비참의 극치'라는 제목으로 수록되었다.

종을 울리며 달리던 만원 전차
붕 떴다가 지면에 추락했네
납작하게 찌그러져

· 오전 8시 15분경은 출근 시간대이므로 모든 전차가 만원이었습니다. 이 찌그러진 전차는 폭심지[8)]에서 가까운 도하시역(土橋駅) 부근을 지나던 중이었습니다.

鈴なりの　満員電車　宙に飛び　落ちてつぶれぬ　地にペシャンコに

8) 원자폭탄이 공중에서 폭발한 지점을 '폭심', 그 바로 아래의 지상을 '폭심지'라고 한다. 히로시마시에 투하된 원폭 '리틀보이'의 폭심지는 현재 나카구(中区) 오테정(大手町)에 위치했던 시마 병원(島病院)으로 추정된다.

불타는 들보 깔린 채 엄마에게 소리치는 딸
이것 갖고 도망쳐
뻗은 손에 쥔 지갑

· 무너진 들보 아래에 깔려서 도망치지 못하고 불길 속에서 죽은 딸에게 받은 지갑을 들고 그 어머니는 울고 있었습니다.

燃える　梁の下敷の娘　財布もつ手をあげ　これ持って逃げよと　母に叫ぶ

무너진 지붕 아래에 깔려 겨우 올려다보니
한 자 못 되는 구멍
햇빛이 보이더라

· 여기서부터 5수는 피폭당한 시누이가 숨을 거두기 전에 중얼거리듯 알려 준 이야기입니다.

屋根の　下敷となり　やっと見あげば　尺たらぬ穴より陽の光見ゆ

기어 올라와
간신히 구멍으로 나오려는데
허리에 찬 전대가 걸려 빠지지 않네

· 시누이는 예금 통장과 현금, 꾸어 준 돈의 차용 증서, 보험 증서 등을 모두 싼 전대를 허리에 복대처럼 두르고 있었답니다.

よぢ登り　ようやく穴より　出でんとせば　腰の財産包み　つかえていで得ず

살고 싶어서 결국 매듭을 푸니
손 닿지 않는 아득한 바닥으로
스르륵 떨어졌네

· 마지막에는 재산보다도 목숨이 가장 소중한 법입니다.

命欲し　ついに結び目解けば　はらっと　届かぬ底に落ちてゆきたり

불길을 뚫고 간신히 빠져나와
뛰어든 강물
사체를 올라타고 날 밝길 기다린다

· 시누이는 수영을 할 줄 몰랐습니다. 사체가 통나무처럼 줄지어 떠 있었다고 합니다.

炎なか　くぐりぬけきて　川に浮く　死骸に乗っかり
夜の明けを待つ

밤이 새도록 사체 위에 매달린 이튿날 아침
구조되어 올라와
숨이 끊어진 사람

· 올라타고 있던 사체와 함께 점점 떠내려가다가 혼카와 다리(本川橋) 교량에 걸려 있던 것을 지나가던 사람이 구해주었다고 합니다. 이 시누이의 묘비에는 원폭 다음 날인 8월 7일 사망이라고 새겨져 있습니다.

死骸の上に　明かせし朝　陸の上に　助けられたれど
息絶えし人

화로에 막힌 틈새를 겨우겨우 부수고 나와
기어서 벗어났네
무너진 지붕 아래

· 여기서부터 3수는 예전부터 집으로 자주 불렀던 안마사 노파의 이야기입니다.

火鉢あり　そのすきま　突き破り　這いいづるを得つ　屋根の下敷より

불바다 속을 피해서 도착한 땅
정신이 드니
부러져 늘어진 채 덜렁이는 오른손

火の海を　さけてたどり來し　グランドに　気付けば右手は折れて垂れたり

늙은 몸으로 어찌 살아갈까나
손이 부러진 노파는 홀로 사는
안마사였다네

· 노파는 피폭 후 미야지마구치(宮島口)[9] 산장을 관리하는 노부부 집의 별채에서 신세를 지고 있었습니다. 뒷날 걱정이 되어 찾아가니 작은 가게를 열고 살고 있었습니다. 87세에 고독한 몸이었습니다. 그래도 양로원에는 가지 않는다고, 죽을 때까지 일해야 한다고 했습니다. 죽으면 장례를 치를 비용을 우체국에 맡기고 있다고 알려 주었습니다.

老い先を　いかにや生くる　右手折れし　老女は孤獨のマッサージ師なり

9) 히로시마현(広島県) 서남쪽에 위치한 하쓰카이치시(廿日市市)에 속한 지명. 세토나이카이(瀬戸内海)에 면한 도시로, 일본 3경의 하나이자 세계 문화유산인 이쓰쿠시마 신사(厳島神社)로 유명하다. 쇼다 집안은 이곳에 별장을 소유하고 있었던 듯하며, 부상당한 지인들이 머물도록 배려하기도 했다.

꿈을 꾸는가 정말로 생시인가
내 눈앞에는
귀까지 입이 찢긴 인간의 얼굴 모습

夢の中か　現實かまさに　眼の前に　耳まで口裂けし人間の顔面

임시 치료소

등에 업힌 채 임시 치료소에 도착해 보니
수많은 시신 곁에
임종하는 사람들

背負われて　急設治療所に　來てみれば　死骸の側に
臨終の人

아이를 혼자 불길 속에 남기고
나만 도망쳐 건진 목숨이라며
미친 듯 우는 여인

子をひとり　焔の中に　とりのこし　我ればかり得たる命と　女泣き狂う

찢어진 어깨
상처에 파고드는 유리 파편을
식염수를 부어서 씻어 내며 찾는다

食塩水で　洗いつつ　肩の肉裂けし傷に　くいこむ　硝子破片をさぐる

벌어진 상처 봉합할 실도 이제 더는 없다고
처치하는 의사의
푸념하는 넋두리

傷口を　縫う糸も　これでもう無いと　醫師つぶやけり
手あてなしつつ

진료 마치고 치료소를 나오니
염천의 하늘
끝없이 이어지는 부상자들의 행렬

· 내 뒤로 부상자가 길게 줄을 서서 기다리고 있었는데 소독약도, 상처용 봉합사도 없다니, 일본이라는 나라는 이 무슨 비참한 일일까요?

治療済みて　炎天の下に　出てみれば　蜿蜒長蛇の　負傷者つづく

전쟁 때문인가

새까맣게 탄 이 사람은 여자인가
늘어진 유방
팬티도 입지 않고 울부짖으며 간다

ズロースもつけず　黒焦の人は　女か　乳房たらして泣きわめき行く

석탄이 아닌
새까맣게 타 버린 인간이라네
빼곡히 쌓아 올린 트럭이 지나간다

石炭にあらず　黒焦の人間なり　うずとつみあげ　トラック過ぎぬ

인왕상[10]처럼 퉁퉁 부어오른 채
새카맣게 탄 나체의 시신들이
켜켜이 쌓여 있다

仁王像の如く　腫れあがり　黒く焦げし　裸体の死骸が
累々とかさなる

10) 인왕상(仁王像)은 불교의 수호신으로 한국에서는 보통 금강역사(金剛力士)라고 부른다. 사찰의 입구 좌우에 수문신장(守門神將)으로 모시며, 손에는 금강저(金剛杵)를 지니고 상반신은 나체에 거대한 체격으로 형상화되어 있다.

대로 한켠의 방화용 수조 속에
한쪽 다리를 걸치고 죽은 남자
각반[11]을 감은 채로

道ばたの　防火水槽に　片足かけし　男の死骸　ゲートル巻きて

11) 발목부터 무릎 아래까지 돌려 감거나 싸는 띠. 활동 시 옷자락이 장애물에 얽히는 것을 막고 다리의 피로를 경감하기 위한 것으로, 군인들의 경우 필수적으로 착용한다.

엄마와 아이
꼭 잡은 손가락이 빠지지 않는
시신 두 구가 함께 수조에서 나왔다

子と母か　繋ぐ手の指　離れざる　二つの死骸　水槽より出ず

살아남은 자의 고통

통나무처럼 강물 위에 떠오른
수많은 사체
장대에 갈고리를 달아서 푹 찔렀다

筏木の　如くに浮かぶ　死骸を　竿に鉤をつけ　ブスッと　さしぬ

강물 속에서 떠오르는 사체를 끌어 올려서
처리하는 병사의
파랗게 질린 얼굴

川中に　浮かべる死骸　引きよせて　処理する兵の顔
青くひきつる

하루 온종일 사체를 모아 와서 처리한 남자
불을 붙이며 술, 술,
신음하듯 찾는다

一日中　死骸をあつめ　火に焼きて　処理せし男　酒酒とうめく

술을 마시고 마시고 또 마시고
남자의 눈빛 눈물에 번뜩인다
사체를 태우면서

· 시누이가 불길 속을 헤쳐 나와 강으로 도망쳐 오니 강은 사체로 가득 차 있었고, 떠 있는 사체에 매달려 밤을 지새웠다고 했습니다. 소라자야정(空鞘町)[12]에 살고 있었으므로 그 강은 혼카와(本川)였을 텐데, 그렇다면 폭심지에 해당합니다. 강물 위에 통나무처럼 떠 있던 사체들은 인양해서 태울 수밖에 없었습니다. 처리하는 사람은 긴 장대에 갈고리를 달아서 푹 찔러 끌어당겨서 건져 올렸다고 합니다. 작업하는 동안 술을 퍼마시고, 또 퍼마시지 않으면 맨정신으로는 견디기 어렵습니다. 빨리 처리하지 않으면 부패해 문드러지므로 어쩔 도리가 없습니다. 무더운 한여름의 일입니다.

酒あふり　酒あふりて　死骸焼く　男のまなこ　涙に光る

12) 현재 히로시마시 나카구(中区) 데라정(寺町)과 혼카와정(本川町)에 해당하는 지역으로, 동쪽으로 혼카와(本川, 太田川)에 면하고 있다. 폭심지에서 반경 1킬로미터 이내에 해당한다.

애처로운 근로 봉사 학도여

가련하여라 애처로운 학도들
빈사 상태로
그 이름을 부르니 넷 하며 대답하네

可憐なる　学徒はいとし　瀕死のきわに　名前を呼べば
ハイッと答えぬ

근로 봉사대 이 어린 학도들은
마지막 순간
교사 곁에 꼭 붙어 끌어안고 죽었네

臨終を　勤労奉仕隊の学徒は　教師に　ひたとだきつきて死にぬ

커다란 뼈는 아마 선생이겠지
그 바로 곁에
머리 작은 아이들 뼈가 모여 있구나

大き骨は　先生ならむ　そのそばに　小さきあたまの骨あつまれり

불탄 폐허에 묻혀 있던 교사의 가방 속에서
학생 성적표 기록
한 권이 나왔다네

焦土に　うもれいし　教師の鞄より　一冊の學童成績表いでくる

화상을 입고 집에 돌아와서는
무사하다고 부모에게 말한 후
숨이 끊어졌다네

焼け身ながら　家にかえり来て　大丈夫と　親に云いしのち　息たえゆきぬ

화상을 입고 온몸이 문드러진 빈사의 학도

조국을 부탁하며

숨을 거두었다네

焼けただれて　瀕死のきわに　祖国日本を　たのむと云いて　学徒は息切れぬ

안구를 잃고 맹인이 되어 버린
어린 학도는
교량 및 시신 위에 엎어져 죽었다네

· 아아, 정말 마음이 아픈 것은 근로 봉사대의 순진무구한 학도들입니다. 히로시마시 전체에 내려진 집단 소개령13)으로 소학생들이 산속에 있는 학교나 사원에 수용되어 생활하며 공부하게 된 것은 1945년 4월입니다. 중학생과 고등과 1, 2학년에 해당하는 연령은 시 전체의 가옥 소개령14)으로 철거된 건물 속에서 기와, 벽돌 등의 자재를 수습하는 근로 봉사대원이 되었습니다. 중등학교 상급생은 군수 공장에서 일했습니다.

13) 공습 피해를 줄이기 위해 도시에 거주하는 아동을 농촌 지역으로 분산, 피난시킨 것. 집단 소개는 1944년부터 시작되었는데, 히로시마시에서는 초등학교 3~6학년에 해당하는 2만 명 이상의 아동들이 외곽 지역의 절이나 여관 등으로 배치되었다.

14) 공습으로 화재가 번지는 것을 방지하기 위해 건물을 철거하고 공터로 만드는 것. 전쟁 중 일본의 전 도시에 실시되었고 주로 관공서, 군수 공장 등 보호해야 할 건물 주변을 철거했다. 국민 총동원령에 의해 중등학교 이상의 학생과 지역 및 직장 단위로 편성된 근로 봉사대가 작업에 동원되었다. 8월 6일 히로시마 원폭 투하 당시 이 작업 도중 사망한 자는 6000여 명에 이른다.

目玉飛びでて　盲となりし　学童は　かさなり死にぬ
橋のたもとに

희생 학도의 어머니

울며 불면서 만나는 사람마다 호소하는 여자
일등만 하던 아들
내 아들을 살려 내

人見れば　聲泣きあげて　女訴う　首席の　吾子をもどしてくれと

허리띠에서 이름표를 확인한
어린 아들의 새까맣게 탄 사체
매달려 우는 엄마

バンドの名前で　知りし焼焦げし　児の死骸を　母だきて泣く

그 누구에게 참혹한 마지막을 물어야 하나
전멸한 학교에서
쓰러져 울부짖네

いずかたに　最後の悲惨を　問うべきや　全滅の校舎に
たおれて泣けり

녹아 오그라든 양철 도시락 속에
담겨진 유골
이것만이 오로지 현실 바로 그 자체

焼けへこみし　弁当箱に　入れし骨　これのみがただ現実のもの

사체는커녕 백골조차 못 찾은 아이와 만나
밤마다 꿈속에서
대화한다는 엄마

死骸も　白骨さへも　なくなりし　児と夜毎夢に会い語ると云う母

죽은 아이와 닮은 아이를 보면 좇아가서는
이름을 부르면서
말을 걸게 된다네

· 이 어머니는 나의 은사님입니다. 죽은 아이는 형제 가운데 제일 똑똑하고 사려 깊은 착한 아이였다고 모두들 안타까워했습니다. 히로시마 현립 제1중학교[15] 1학년이었습니다. 이 학교는 전소되어 한 명도 살아남은 자가 없었습니다. 그러니 최후의 상황을 알 도리가 없습니다. 불탄 도시락에 유골을 수습해 온 이후 이 어머니는 정신을 놓아버렸습니다. 돌보는 사람이 방심한 사이에 망연히 침실을 빠져나와 불탄 폐허에서 헤매 다니거나, 어느 사이엔가 제1중학교 터에 가서 서 있거나, 또 어떤 때는 히지산(比治山)[16] 쪽을 방황한다고 합니다. 그때마다 가족들은 대소

15) 현재의 히로시마 현립 고쿠타이지(国泰寺) 고등학교. 당시의 교육제도에서 중학교는 제국 대학이나 사범 대학 등의 고등 교육 기관 진학을 위해 심상소학교 졸업 후 진학하는 5년제 학교였다. 각 현에 제1중학교가 설립되어 있었고 이들 대부분이 현재도 명문고로 알려져 있다.

16) 히로시마시 미나미구(南区)에 위치한 작은 산. 폭심지에서 약 1.8킬로미터 떨어진 지역이다. 산을 경계로 동쪽은 피해가 적었으므로 산자락에 위치한 사원인 다몬인(多聞院)이 피폭 당일 히로시마 현청으로

동을 일으키며 찾아다니는 상황입니다.

亡き吾子の　姿に似たる　児を見れば　追いて呼びとめ
言葉をかけぬ

기능했다.

수석만 하던 내 아들을 돌려줘
미친 듯 우는 어머니를 어쩌랴
누구에게 호소하리

首席の吾子をもどせと泣き狂ふ母親あはれ誰に訴ふる[17]

17) 이 단카는《이명》에 재수록 시에는 삭제되었다. 앞에 유사한 작품이 있기 때문인 듯하다. 원문은《참회》초간본의 형태로 띄어쓰기가 없다.

가난한 학도의 어머니[18]

먹고 싶다고 조르는 토마토를 주지 못했던
아이의 영정 앞에
울며 탄식하는 엄마

食べたいと云いし　トマトを与へ　ざりし児の　うつしえに　母かこち泣く

18) 이 제목은 《이명》 재수록 시에 추가된 것으로 〈희생 학도의 어머니〉에 포함되어 있던 3수의 작품을 독립시켜 편집한 것이다.

마치고 와서 먹으라고 달래며 보냈던 아이
불단 위에 올려 둔
토마토는 붉구나

帰りて食べよと　見送りし子は　帰らず　仏壇にそなふ
そのトマト紅く

불길 속에서 죽은 아이의 사진 앞의 토마토
먹거라 먹거라
울며 애원하는 엄마

· "그날 아침 나갈 때 토마토를 먹고 싶다는 것을 주지 않고 보냈는데, 그게 마지막으로 아이는 돌아오지 않았어요." 미야지마구치 산장 별채의 작은 방 한쪽 구석에 조그만 상자를 마련해 돌아오지 않는 아이의 사진과 토마토를 올리고 이 어머니는 훌쩍훌쩍 울고 있습니다. 다녀와서 먹으라고 주지 않았는데, 주었더라면 좋았을 것을, 한스러워 미칠 듯 울면서 틀어박혀 있습니다. 이 어머니는 아이를 자기 목숨처럼 믿고 재봉일로 부업을 해서 살아가고 있었습니다. 원폭으로 그 아들을 빼앗겨 버리고 이제는 홀로 기숙사 찬모로 일하고 있습니다. 늙어 병들게 되면 어찌할지 모르겠다고 불안을 털어놓았습니다. 나의 어린 시절 소꿉친구입니다.

焼死せし　児が写真の前に　トマト置き　食べよ食べよと母泣きくどく

이재민 수용소

죽은 딸아이 브로치를 찾았다고 기뻐했었던
부모도 원폭 후유증
중태에 빠졌구나

· 이 따님은 히로시마 현청에서 근무하고 있었습니다. 아버지 되시는 분은 나의 소학교 은사님입니다. 아버지는 현청으로 딸을 찾으러 가서 백골 속에서 딸의 브로치를 발견했습니다. 그 브로치로 딸의 유골임을 알아채고 수습해 왔다고 말하면서 손에서 놓지 않았습니다. 유골이나마 찾을 수 있었다며 안도하던 이 아버지도 원폭 후유증으로 중태였는데, 결국 얼마 못 가 돌아가셨습니다.

亡き娘の　ブローチ探しあて　よろこびし親も　爆弾症の重態にふす

아직 숨 쉬는 산 생명들이건만
상처 위에는
구더기가 들끓어 기어다니고 있다

· 이재민 수용소는 근교의 학교나 사원에 설치되었습니다. 피폭된 가옥이라도, 무너졌어도, 전소를 면한 건물이면 수용소로 사용되었습니다. 니노시마(似島)를 비롯한 세토나이카이의 섬들19)에도 모였습니다. 피폭자가 몰려들었으므로 비바람만 피할 수 있으면 널빤지만 깔아도 괜찮다는 지경이었습니다.

息をして　命はあれど　傷口に　蛆虫わきて　這いまわりおり

19) 히로시마현의 남쪽에 위치한 히로시마시는 세토나이카이를 사이에 두고 시코쿠(四国)와 마주한다. 히로시마시 앞바다는 만을 이루고 있고 여러 섬들이 분포해 있다. 니노시마는 히로시마시에서 가장 가까운 섬이다.

부상당한 채 이재민으로 누운 베갯머리에
들려오는 이야기
지옥이 따로 없네

罹災負傷の　臥床のわれに　持ち來る話は　ただに　地獄のありさま

전재고아 수용소

원폭의 순간 그 바로 직후에 태어났다는
상처 하나도 없이
건강한 갓난아이

· 산모는 아이를 낳고 죽었습니다. 어디 사는 누군지 아무 것도 알 수 없었습니다.

原爆の　一瞬の後に　生れしとか　傷一つなく　すこやかな赤ん坊

넘어질 듯이 아장아장 걷는
어린 아기가
혼자서 이 세상에 살아남았구나

よちよちと　よろめき歩む　幼な子が　ひとり此の世に生きて残れり

두 살에 네 살
여섯 살에 여덟 살
이 사 남매는 따로따로 떨어져 입양되어 갔다네

· 전재고아 수용소 설치 요람에는 시작된 동기가 다음과 같이 기록되어 있습니다.

"1945년 8월 6일 히로시마시 상공에서 작렬한 원폭은 필연적으로 많은 아이들에게서 부모를 빼앗아 갔습니다. 히로시마시는 8월 9일, 시내의 히지야마 국민학교의 반쯤 파괴된 교실에 임시로 미아 수용소를 설치하고 구호에 착수했습니다. 하지만 겨울이 되어 점점 추위가 심해지자 그대로 유지할 수 없었습니다. 시내에는 적당한 건물이 없었으므로, 당시 히로시마 산업 보국회가 관리하던 히로시마현 사에키군(佐伯郡) 이쓰카이치정(五日市町) 아자(字) 미나가(皆賀) 179번지의 건물에 이 사업의 위촉을 결정해 이전했습니다. 히로시마시의 소개 학동 중 고아도 수용하게 되었고, 짧은 기간이긴 하지만 노보리초(幟町) 국민학교의 분교를 병설해 소학교 교육도 겸했습니다."

그로부터 15년째인 1960년 4월 10일, 이 수용소가 '동심원(童心園)'이라는 이름으로 바뀌어 개명식이 있었습니다. 전재고아들은 성장해 차례로 둥지를 떠나서 현재 60인만

남았고, 거의 빈곤 가정 어린이를 대상으로 한 수용소가 되었습니다. 1961년 6월 10일에는 이 동심원의 원아를 중심으로 한 보이스카우트가 결성되어 육성회 발족식이 있었습니다. 평화를 존중하고 봉사 정신으로 살아가는 원아들의 발랄한 모습을 볼 수 있었습니다.

二歳四歳六歳八歳　四人の兄妹　べつべつとなりて　貰われゆきぬ

혈육이 찢어지는 탄식

자식과 남편 일곱 명의 가족을
불길 속에서 놓치고 도망쳐 온 여자
얼이 나갔네

七人の子と　夫とを　焔火の下に置きて逃げ來し女　うつけとなりぬ

오로지 홀로 목숨을 건졌건만
이제 와 새삼 살아서 탄식하네
남편을 그리면서

ただひとり　命得たれど　今さらに　生くるをなげく
夫を恋ひつつ

분칠 두꺼운 오십 줄의 여자가 웃으며 건네
결혼을 하고 싶어
아이를 갖고 싶어

紅おしろい厚き　五十女　子が欲しい　結婚がしたいと
ほほけて歩く

뙤약볕 아래 폐허가 된 들판에 우뚝 서 있는
까맣게 불탄 나무
매달려 목맨 여인

炎天の　瓦礫の原に　つったてる　黒焦の木に　縊死の女寄る

가족 다섯을 모두 다 잃어버린
비탄의 극치
밤마다 방황하는 폐허의 아주버님

五人の　家族亡くせし　悲のきわみ　義兄は夜ごと　まよう瓦礫の原を

지난날들의 기억을 없애 주는 수술은 없나
고통받는 마음의
치료를 구하노라

· 아내와 네 자녀, 다섯 명의 가족이 모두 원폭으로 즉사한 아주버님이 내게 말했습니다. 소라자야정의 폐허가 된 들판에 세운 가건물에서 지내는데, 밤에 자려고 침상에 누워도 옛날 일들이 자꾸 생각나서 도저히 잠들 수가 없다고. 한밤중에 가건물을 나와 폐허 속을 방황하며 걸어 다니게 된다고. 생각나는 것을 모두 없애 주는 수술이 있었으면 좋겠다고. 이 아주버님은 폐암으로 고통받다가 원폭 병원[20] 입원 중에 돌아가셨습니다.

在り経しの　記憶を除く　手術なきや　痛む心の　施療を求む

20) 히로시마 적십자 원폭 병원(広島赤十字原爆病院). 피폭 직후 의료 거점의 하나였던 적십자 병원을 전신으로 1956년 개원했다. 세계 최초의 피폭자 의료 전문 기관으로서 현재도 원폭 후유증(방사선 장해) 치료에 권위를 가지고 있다.

불쌍한 몸

자 피난이다
살아만 있다면야 문제없다고
배를 타라는 소리에 의식을 되찾았네

さあ避難だ　生命さへあれば　結構だ　船に來いとう声に　意識とりもどす

욕심 버리고 친절한 마음으로 채웠던 시간
오래가지 않았지
그저 인간인 나는

慾さりて　親切心にみつる　時間　長くつづかず　人間の我は

피난선에서 정신이 들고 보니
금고 속의 돈 궤짝 속의 남은 쌀
아까운 마음이네

· 피난선에서 여러 일들이 있었지만 겨우 미야지마구치에 도착했고, 이튿날 아버지 공장의 고용인 중 기운이 있는 자들이 피폭된 집과 공장을 보러 갔습니다. 장롱과 경대의 서랍들이 이가 빠지듯 빠져나가 값나가는 물건은 모두 없어졌고, 쌀궤 속의 쌀도 금고 속의 돈도 다 도둑맞았다는 보고를 병상에서 들었습니다.

避難船に　落ちつきてみれば　金庫の金　米櫃の米　惜しまれてくる

멸망하는 세계[21]

생생하게도 멸망하는 세계를 지켜보았네
멀고 아득한 진리
따르고자 하나니

まざまざと滅亡ぶる世界とみさだめたり悠遠の真理したはしきかな

21) 이 제목과 아래 3수는 재수록 시에 삭제된 것이다.

이 언저리엔 가건물이 없으니
눈이 따갑게 가을볕 드는 자리
풀이 무성하구나

このあたりバラック建たず眼にいたき秋陽のもとに草生ひしげる

가을바람아
전멸한 초토 위에 웃자란 풀들
휘어져 나부끼며 우거져 가는구나

秋風や全滅焦土に丈たかう生ひしげりたる草なびきつつ

복원병

망초 풀 가득 우거진 덤불 속을 가르고 서서
꼼짝도 하지 않는
복원병의 그림자

鉄道草　おいしげるなかを　分けきたり　立ちて動かず
復員兵のかげ

커다란 등짐 무겁게 짊어진 채
고개를 숙인 저 복원 병사는
이제 돌아온 걸까

背に重き　荷物を負ひて　前かがむ　復員の兵は　還り來しか今

저녁노을 속 불타 버린 집터의 초석에 앉아
꼼짝도 하지 않는
복원 병사의 얼굴

夕ぐれを　焼けし家あとの　石に坐し　じっと動かぬ
復員兵の顔

참외 하나를 먹으라고 건네니 고개를 드네
눈물에 젖어 있는
복원병의 눈동자

· 아들이 다닌 부속 소학교의 용건으로 시청 뒤쪽 길을 걷고 있던 중이었습니다. 이제 막 돌아왔는지, 고개를 든 이 복원병은 오테마치(大手町) 소학교의 교사였던 분이었습니다. 그 후 핫초보리(八丁堀)의 암시장에서 표찰[22]을 쓰고 있었습니다. 표찰 작성도 생각만큼 수입이 되지 않는다고 했습니다. 15년이 흘러 덴만야(天満屋) 백화점에서 만났습니다. 계장이 되었다고 했습니다.

あじうりを　食べとわたせば　顔あげし　復員兵のまなこは　ぬれ居り

22) 집 앞에 거는 문패나 상점의 간판 역할을 하는 나무판. 작은 크기로 제작한 것이 암시장에서도 사용되었다.

조용한 자연

언덕에 서니
불타 버린 폐허에 한 줄기 강물
흐르는 수면 위로 가을 햇살 빛난다

丘に立てば　瓦礫焼土を　一筋に　流るる川の　秋陽に光る

불탄 기와를 겹겹이 쌓아 올린
그 위에는
머리가 잘려 버린 지장상이 서 있네

· 지금은 히로시마 신용 금고가 된 고료 신용 조합(広陵信用組合)의 점장을 만나기 위해 아버지 대신 역 앞의 사무소로 갔습니다. 용건을 마치고 히지산에 올라 불타 버린 폐허를 한참 동안 곰곰이 바라보았습니다. 강은 아무 일도 없었던 듯이 흐르고, 가을 햇살이 하얗게 반짝이고 있었습니다.

焼け瓦　つみ重ねたる　その上に　頭とれたる　地蔵たたします

잔해를 밟고 찾아가 본 그곳은
남편의 무덤
그늘 한 점도 없이 가을 햇살 환하다

· 남편의 무덤은 절의 한쪽 구석, 햇볕이 들지 않는 곳에 있었습니다. 원폭으로 건물이 불타 무너지니 무덤에서 넓디넓은 하늘이 보였습니다. 원폭의 광선에 노출되어 일부가 무너진 묘석도 환하게 보였습니다.

瓦礫踏み　たどりつき來れば　夫の墓　蔭なすものなく
秋陽に白し

아귀의 모습[23)]

가는 곳마다 판잣집 식당들이 눈에 띄누나
남루한 사람들이
움직이는 그림자

いたるところバラック食堂が目につけりみすぼらしき人かげうごき

23) 이 제목과 아래 3수 중 마지막 수를 제외한 2수는 《이명》에 재수록되지 않았다. 세 번째 단카만 바로 앞의 〈조용한 자연〉에 포함되어 실렸는데, 내용이 어울리지 않는 점으로 보아 의도적 삭제가 아닌 누락일 가능성이 크다.

불탄 땅 위에 자라난 망초 풀들
새싹은 모두 식용으로 뜯기고
웃자란 채 서 있네

丈高く焼土に生ひし鉄道草新芽を食用につまれてつっ立つ

망한 우리들 참담히 우는 이때
허겁지겁 식재를 끌어모으는
놈들은 짐승인가

敗惨の　われらなげくとき　食料を　むさぼり集む　奴ら鬼畜か

원폭 전날의 회고

부풀어 오른 콩깍지를 벌리면
초록 빛깔의 싱싱한 완두콩들
동글동글 여물었네

ふわふわと　莢をひらけば　豌豆の みどり生き生きと
まるきがならぶ

한심하게도
콩알들이 거꾸로 붙어 있으면 전쟁에 이긴다고
소문이 돌았었지

哀れかも　豆がさかさに　つきたれば　戦い勝つと　流言たてしが

원자폭탄이 터진 전날이구나
한심하게도
이긴다는 소문에 기대했던 우리들

· 8월 5일의 일입니다. 공장의 여직원이 취사장에서 돌아와서 사모님, 부르며 완두콩을 바구니 가득 가져다주었습니다. 콩깍지를 벌려 보여 주면서 "콩이 이렇게 거꾸로 붙어 있으면 전쟁에서 이긴대요", "이기면 얼마나 좋을까요"라고 몇 번이나 말했습니다. 나는 싱싱하고 동그란 완두콩을 앞에 두고 이것이 거꾸로 여문 것인가 한참을 들여다보았습니다. 그런 소문을 누가 만들어 냈는지 모르겠지만, 우리는 그 말에 의지하려 했습니다. 이제 와서 그때의 일이 자꾸만 생각납니다. 한심한 일이라고.

今は哀れ　原子爆弾うけし　前日なり　勝つとう流言にわれら依りしが

원폭 후유증 임상기

· 1945년, 당시에는 원폭 후유증이라는 말은 없었고 원자폭탄증이라고 불렀습니다.

내장을 모두 파괴한 독소들은 사라졌는지
진지하게 물었지
말기의 사촌 오빠

内臓を　破壊せし　毒素散失を　真剣に問ふ　いまはの従兄が

아무 말 없이
베갯잇에 뭉쳐진 머리카락을 가리켜 보여 주던
사촌 오빠의 임종

無言のまま　枕カバーに　もぶれつく　抜毛示せし　従兄の臨終

살고 싶어서 미군의 주사약을 받았다면서
꿈 이야기를 하는
눈동자의 공허함

· 원자폭탄을 발명한 놈은 치료약도 분명 가지고 있을 터라고 이 환자는 말했습니다.

生きたさに　アメリカ兵に　注射藥　貰った夢見たと語る眼のうつろ

피부 반점이 생기면 죽는다는 말을 듣고는
팔을 들어 살펴보네
멍이 신경 쓰였네

斑點が　出づれば死すと　云ふを聞き　腕いだしては痣気に掛けしが

시력을 잃고 그래도 살고 싶어
저도 모르게
손으로 머리카락 쓸어서 살펴본다

· 사촌 오빠는 눈이 큰 사람이었습니다. 이제 완전히 죽음이 가까워서 앞을 볼 수도 없으면서 자꾸만 머리카락을 움켜쥐고는 빠지는지 살펴보았습니다. 노모가 곁에서 보이냐고 묻자 안 보인 지 벌써 오래전이라고 말했습니다. 귀는 그나마 잘 들리는 듯했습니다.

死にたくなく　視力失せたれど　無意識に　指で頭の毛を抜きては見る

곁을 지키다 간병에 지쳐 잠든
노모의 얼굴
전등 그늘 아래로 보이는 굵은 주름

看病に　疲れて眠る　老母の顔　皺ふかく見ゆ　電灯の灯かげに

이도 저도 다 좋았던 사람조차 싫어졌다고
말한 후에 마침내
숨이 끊어진 남자

誰も彼も　好きな人さへ　嫌ひになったと　云ひてのち
臨終となりし男

임종 직전의 사촌 오빠 곁에서 늙은 엄마는
다음 생의 소중함
귓가에 들려주네

臨終　まぢかい従兄の　耳もとに　後生の大事　老母は話す

간호사였던 자매도 어머니도 지쳐 잠드네
임종이 멀지 않은
사촌 오빠 곁에서

、 看護婦　姉妹ついに　疲れし母も眠りぬ　臨終間近の従兄のかたえに

극락정토에 왕생하게 된다면 바빠질 거야
말하며 넓은 하늘
올려다보았었지

お浄土に　参ればとても　忙がしく　なるよと語り　大空を見ぬ

환상과 제도[24]
정토를 얘기하며 세상을 떠난
사촌 오빠의 입가 미소를 머금었네

還相の　済度を云ひて　死にゆきし　従兄のくちもとえみをとどめぬ

24) 환상제도(還相濟度)는 정토진종의 개념으로 환상회향(還相廻向)이라고도 한다. 극락왕생한 사람이 세상에 다시 태어나 극락에서 얻은 공덕을 중생에게 돌려서 구제하고 이끄는 것을 말한다.

마지막 순간
바빠질 것이라고 말한 오빠는
지금 어느 생에서 환상회향하는지

忙がしく　なるよと告げし　従兄はいま　何の生にか還相しにけむ

혼돈 속에서 태어나는 것

혼돈의 세상 그 한가운데에서
패인에 대해 곰곰이 생각하다
참회에 사무친다

混沌の　さなかにありて　敗因に　思ひをいたし　ざんげに痛む

올려다보니 산들은 엄숙하게 잠들어 있다
이 혼돈의 세상을
저 멀리 뛰어넘어

· 나가노현 가루이자와(軽井沢) 구쓰카케(沓掛)의 스기우라 스이코 선생님을 가집 《참회》 건으로 방문했습니다. 보랏빛을 띤 아사마산(浅間山)이 위엄 있게 나를 내려다보고 있었습니다. 신슈의 산[25]이란 이런 것이구나 싶어 경탄의 마음으로 곰곰이 바라보았습니다.

みあぐれば　山おごそかに　しずもりぬ　混沌の世をはろかに　遠く

25) 신슈(信州)는 메이지 시대(明治時代) 초까지의 지방 행정 구분에서 사용한 시나노쿠니(信濃国)의 별칭이다. 현재의 나가노현(長野県)에 해당하며 높은 산들이 많아 '일본의 지붕'이라 불린다.

역사 속에서
혼돈에 빠져 있는 지금 시대가
쇼와 개신(昭和改新)이라고 불릴 날이 오기를

史の上に　この混沌の　今の世が　昭和改新と　呼ばるる時ぞあれ

세계 인류에 공헌하는 사람들 격려하면서
보시(布施)하고 경애하리
남은 생을 바쳐서

· 지금 이 시대에는 생활의 고뇌와 싸우면서도 아무에게도 알리지 않고 은밀히, 태어나는 다음 세대를 위해 열심히 노력하고 있는 사람들이 있습니다. 그러한 분들을 경애하며 베풀어 돕고 싶은 마음입니다.

人類に　貢献する人を　励まして　布施愛敬せん　この残生捧げ

우리 국민들
무기를 들지 않는
대참회의 마음을 갖고 깊은 믿음 속에 살리라

· 원자폭탄에 짓밟힌 나는 부지불식간에 짓밟았던 과거를 생각하고, 참회의 마음으로 무기를 가지지 않는 국민으로 일어나 겸손하게 평온한 일상을 보내기를 바라는 것입니다.

武器持たぬ　我等国民　大懺悔の　心を持して　深信に生きむ

가집 《참회》의 삽화에 대해

이 그림은 원폭 돔을 남쪽에서 바라본 폐허의 모습입니다. 요시오카 하지메 화백[26]에게 직접 부탁해서 주문했습니다.

요시오카 화백은 당시 히로시마 교외 다카스(高須)에 거주하고 있었는데, 슬하에 자녀가 여섯이었습니다. 게다가 갓 태어난 젖먹이가 있었습니다. 화백의 부인은 8월 6일 그날, 이웃 주민회[27] 사람들과 함께 히로시마시의 가옥 소개 뒷정리에 근로 봉사로 동원되어 나갔다가 즉사했습니다. 여섯 명의 아이들과 함께 남겨진 화백은 참으로 난처한 상황이었습니다.

26) 요시오카 하지메(吉岡一, 1898~1954)는 1925년 이후 4회에 걸쳐 제국 미술원 전람회에 입선했고 히로시마현 서양화계의 중심에서 활동했다. 원폭 돔은 본래 히로시마현 산업 장려관이라 불리던 곳으로 요시오카가 제1회부터 작품을 출품한 히로시마현 미술 전람회의 전시장이기도 하다.

27) 원어는 도나리구미(隣組)라고 한다. 자치적인 주민 모임이 아니라 1940년 설치된 국민 통제 조직의 말단 기구다. 이웃한 주민을 10호 정도의 단위로 조직해서 동원했고, 연대 책임제 아래 전시의 물질적, 정신적 통제를 꾀했다.

그림은 몇 번이나 방문한 끝에 겨우 완성되었습니다. 마지막으로 방문했을 때는 아이들만 남아서 집을 지키고 있었는데, 새 부인을 맞아서 함께 여행을 떠나셨다고 했습니다. 그 이야기를 듣고 안도감이 들어 부디 모두가 행복하시기를 바라는 마음으로 돌아왔습니다.

얼마 후 풍문으로 화백이 돌아가셨다는 소식을 듣고 조문을 갔습니다. 너무나 적막했습니다. 상냥해 보이는 여자분이 계셨는데 아마 새 부인인 듯했습니다. 그 후 아이들은 어찌 지내는지 걱정입니다.

가집 《참회》의 서문에 대해

1946년 1월, 나는 가집 《참회》의 원고를 들고 히로시마의 가인 야마즈미 마모루[28] 선생을 만나기 위해 현재의 스즈가미네 대학(鈴ケ峰大学)을 방문했습니다. 그리고 "이것은 단카가 아니다"라는 말을 들었습니다. 울적한 마음으로 차가운 겨울바람이 부는 황량한 들판을 터벅터벅 걸어서 돌아왔습니다.

도쿄의 스기우라 스이코 선생님은 당시 가루이자와 구쓰카케의 산장에서 살고 계셨습니다. 나는 피폭되어 남들과는 다른 몸이었지만, 뭔가에 홀린 듯 도저히 가만있을 수 없는 심정이었으므로 먼 길도 마다 않고 가루이자와까지 갔습니다. 동생과 함께였다고 기억하는데, 동생은 여관에서 기다리게 하고 혼자서 찾아갔습니다. 스기우라 선생님은 나를 보시더니 몽유병 환자 같다고 말씀하셨습니다. 나는 묵묵히 원고를 꺼내 보여 드렸습니다. 읽어 보시

28) 야마즈미 마모루(山隅衛, 1894~1960)는 히로시마현 출신 가인이다. 1921년 문예 월간지 《만종(晩鐘)》을 창간, 주재했으며 1944년에는 히로시마현 국민 시가 협회를 설립해 히로시마 가단을 이끌었다.

고는 감격해 서문을 써 주셨습니다.

1952년 여름이었습니다. 가재를 내다 팔아 생활하는 것도 한계에 이르러 생계를 위해 여관을 열었습니다. 여자 혼자서 아들을 고등학교에 보내느라 아등바등하던 때였습니다. 야마즈미 선생님이 찾아오셔서 단카가 아니라고 한 말에 대해 미안하다고 사과하셨습니다. 고맙고, 놀라운 일이라고 생각했습니다. 보통 사람이라면 내버려두었을 텐데, 감동받았습니다.

1960년 2월 17일 스기우라 선생님이, 또 4월 25일에는 야마즈미 선생님이 타계하셨습니다. 너무나도 무상함을 느끼지 않을 수 없습니다.

가집《참회》의 제목에 대해

우주가 시작된 이래 벌어진 어떠한 전쟁의 참극도 원자폭탄의 잔혹함에는 견줄 수 없다고 생각했습니다. 이 비참함을 체험하고, 왜 이런 일을 당해야 하는가에 대해 타인을 원망할 뿐만 아니라 책망해야 할 대상 속에는 자신도 있다고 생각했습니다. 그리하여 신기하게도 살아남아서 병고에 시달리지 않으면 안 되는 자신을 돌아보며 참회하지 않을 수 없었습니다. 그래서 참회라고 제목을 붙였습니다.

가집《참회》의 발행일에 대해

히로시마 형무소의 인쇄부에 근무하는 나카마루(中丸) 씨가 당시 내가 피난해 있었던 미야지마구치 산장으로 찾아와서 발행일을 언제로 할지 물었습니다. 가능한 한 늦게 하는 쪽이 처벌을 받더라도 가벼울 것이라 생각했습니다. 22세 되던 해 12월에 결혼한 것을 문득 떠올리고, 1947년(쇼와 22) 12월 5일이라고 대답했습니다.

부록－에세이

피폭의 계보—나의 경우

전쟁 중 37세의 나이로 병사한 내 남편은 6남매 중 막내였습니다. 그 아내인 나는 몇 안 되는 육친으로 쓸쓸한 세상을 살아가는 몸이었으므로, 사별한 남편의 형제들이 아무쪼록 오래도록 건강하게 계셔 주시기를 간절히 바라는 마음이었습니다. 그런데 원폭이 투하된 히로시마에서 태어나 생활하는 사람들의 운명이란 이 얼마나 슬픈 것일까요?

1945년 8월 6일 오전 8시 15분, 폭심지 소라자야정의 자택에 있었던 작은동서는 네 아이와 함께 즉사했습니다. 아주버님은 마침 출타 중이었던 덕택에 홀로 살아남았지만, 폐암으로 원폭 병원에 입원 중 재작년에 돌아가셨습니다. 확실히 알 수 있는 것은 폭심지에서 가까운 곳에서 피폭된 사람, 피폭되지 않았더라도 폭심지 주변에서 일찍 가건물을 짓고 살았던 사람일수록 빨리 발병하고, 나이에 상관없이 연달아 죽어 갔다는 것입니다.

작은아주버님과 마찬가지로 큰아주버님도 이번에 폐암으로 원폭 병원에 입원 중 돌아가셨습니다. 큰아주버님은 폭심지에서 1.7킬로미터 떨어진 미사사혼마치(三篠本

町)에서 피폭당했지만, 가족 다섯 명이 즉사하고 홀로 남은 작은아주버님을 위해 폭심지에서 가건물을 세우는 데 앞장섰습니다. 폐허가 된 들판에서 불탄 목재나 아직 열기가 남은 함석판을 뒤적이며 도왔던 것입니다.

그로부터 16년이 흐른 올해 6월 초, 어느 아침의 일입니다. 큰아주버님 얼굴의 왼쪽 뺨 아래가 부어올라 있었습니다. 놀란 큰동서가 치통이 생겼냐고 물었는데, 이는 전혀 아프지 않다고 했습니다. 그럼 왜 뺨 아래가 부었는지 진찰을 받으러 가자고 재촉했습니다. 본디 병원에 가기 싫어하는 아주버님은 특별히 아프지도 않은데 성가시다며 마다했지만, 동서에게 억지로 끌려가듯 시민 병원[29]으로 갔습니다. 당시 큰동서는 간이 나빠져서 피폭자 수첩[30]을 발급받아 시민 병원에 통원 치료 중이었습니다.

시민 병원의 의사는 진찰 결과를 본인에게는 말하지 않고 아내인 동서에게 폐암을 선고했습니다. 동서는 자신

29) 히로시마 시립 병원으로 1952년 개원한 피폭자 대상 지정 의료 기관이다.

30) 원폭 피폭자임을 증명하고 건강 관리를 받기 위한 수첩 형식의 증서. 히로시마나 나가사키에서 직접 피폭되거나 당시 태아였던 사람이 발급 대상이며, 이 증서를 통해 지정 기관에서 무료로 진료를 받을 수 있다.

의 병은 제쳐 두고 의사의 지시대로 아주버님을 입원시켜서 어떻게든 치료하고자 했습니다. 정밀 검사 결과 의사는 수술을 하든 안 하든 이미 가망은 없지만 일단 해 보자고 말했습니다. 동서는 가족들을 불러 상의했습니다. 결론은 이미 안 된다고 결정된 마당에 수술까지 해서 고통스럽게 하는 것은 못할 짓이라는 것이었습니다. 그래서 수술 없이 어떻게든 치료해 달라고 부탁했지만 거부당했습니다. 의사는 수술을 받지 않겠다면 곧바로 퇴원하라고 박정하게 말했습니다.

동서는 원폭 병원에 입원시켜서 마지막까지 보살핌을 받을 수 없을지, 울면서 내게 상의해 왔습니다. 시청 관계자 쪽에 시민 병원 의사의 소견을 첨부해 내가 민원을 접수한 것은 8월 상순의 무더운 날이었습니다. 시청 직원은 시민 병원에서 원폭 병원으로 바로 전원해서 입원하는 것은 불가능하니 일단 퇴원해서 자택에서 추석을 보내고, 그 이후에 다시 입원 수속을 밟도록 했습니다.

큰아주버님의 몸은 원폭 직후 폐허가 된 폭심지 여기저기에 널려 있던 사체들과 다를 바 없이 퉁퉁 부어서 인왕상처럼 부풀어 오른 상태였습니다. 동서는 제정신이 아니었습니다. 안절부절 불안하게 지켜보며 겨우 추석을 지낸 다음 수속을 거쳐 원폭 병원에서 진찰을 받았습니다.

역시 마찬가지로 폐암 선고를 받았습니다. 곧바로 다른 환자의 베드를 조정해 입원을 시켜 주었습니다.

본인은 폐암이라는 것을 모르고 있었습니다. 같은 병원에서 작은아주버님이 돌아가셨으므로 알릴 수가 없었습니다. 큰아주버님은 잘 치료하면 곧 좋아져서 퇴원할 수 있다고 생각하고 있었습니다. 그래서 의사의 지시도 잘 따랐습니다. 동서도 감동적일 정도로 온 힘을 다했습니다. 그런데도 호전은커녕 점점 악화할 뿐이었습니다. 같은 병실의 바로 옆 환자도 비슷한 증상이었는데, 아주버님이 돌아가시기 한 달 전에 먼저 세상을 떠났습니다. 아주버님은 아직 할 일이 남았다며, 죽고 싶지 않다며, 어떻게든 낫기 위해 필사적이었습니다.

아침이 되면 책상다리를 하고 침상 위에 앉아서 창밖으로 보이는 사람들과 차들의 왕래를 물끄러미 응시하고, 밤이면 우지나(宇品)의 가이조 빌딩(海上ビル) 옥상의 네온사인이 깜박이는 것을 바라보는 것이 일과가 되었습니다. 한밤중인 12시에 네온사인이 꺼지면 누울 수밖에 없는데, 옆으로 누우면 폐가 아파서 호흡이 고통스러운 듯했습니다. 마지막에는 몇 번이나 피를 토하고 하혈도 했습니다. 결국 가로누운 채 링거를 꽂고 몇 번이나 수혈을 받았고, 사람들의 왕래도, 네온사인도 볼 수 없게 되었습니다.

16년 전 피폭 직후 미야지마구치 언덕에 있던 집에서 많은 피폭자들을 간호한 경험이 있는 내가 보기에, 큰아주버님의 상태는 그때의 피폭자들과 같은 증상이었습니다. 일종의 독특한 체취도 마찬가지였습니다. 당시 나는 정신이 혼미해질 정도로 몇 번이나 구역질을 하면서 간호했습니다.

큰아주버님은 결국 병이 머리까지 번져서 알 수 없는 말들을 중얼거리기 시작했습니다. 머리까지 올라간 병증이 다시 내려오면 마침내 임종이라고 의사는 선고했습니다. 6월에 시민 병원에서는 여명이 2개월이라고 했지만, 원폭 병원의 극진한 치료 덕택에 아주버님은 11월 10일까지 생명을 연장할 수 있었던 것입니다. 친절한 원폭 병원 주치의의 의뢰를 거부할 수가 없어 ABCC[31]에서 큰아주

31) 원폭 상해 조사 위원회(Atomic Bomb Casualty Commission). 1946년 히로시마와 나가사키의 피폭자를 대상으로 방사선의 의학적, 생물학적 영향을 장기적으로 조사, 기록하기 위해 미국이 설치한 민간 기관이다. 피폭자의 건강 진단을 실시했지만 오로지 조사가 목적이므로 진단 결과를 수집할 뿐 치료에는 관여하지 않았다. 따라서 피폭자들은 원폭의 효과를 조사하기 위한 연구 대상으로 이용당했다고 비판했다. 1975년 발족한 일본 방사선 영향 연구소의 전신이다.

버님을 부검하게 되었습니다. 그 결과를 알려 주는 주치의의 가느다란 목소리는 원폭 후유증인 빈혈 탓에 이명이 극심한 내게는 알아듣기 어려웠지만, 진단대로 원폭에 의한 폐암으로 돌아가셨다는 것이었습니다.

나는 가시지 않는 이취에 속이 메스껍고 거의 혼절할 지경이 되어 안정 격리실로 옮겨졌습니다. 화학도, 의학도 알지 못하는 무지한 사람이지만, 원폭 후유증이 16년이 지난 지금까지 이어져서 가족이 ABCC의 베드에 시신으로 누워 있는 이 현실을 앞에 두고 나는 우주가 시작된 이래 20세기의 지구상에 일어난 인류의 비애를 생각하지 않을 수 없었던 것입니다.

나는 시신을 차에 모시고 아주버님이 끝까지 돌아오고 싶어 한 미사사의 자택으로 함께 돌아왔습니다. 흰 천을 걷고 "돌아왔어요"라고 말씀드리며, 이제는 고통도 없이 편안해 보이는 얼굴에 합장했습니다. 아주버님의 얼굴과 머리를 쓰다듬으며 슬피 우는 동서도 원폭 후유증으로 치료 중인 몸이니 언제 죽음이 찾아올지 알 수 없습니다. 그리고 나도 역시 푸른 반점이 생겨난 피부를 옷 속에 감추고 있는 몸입니다. 살아남은 것에 안도했던 히로시마 사람들도 사실 사형 선고가 조금 연기된 것일 뿐, 차례차례 발병해 차례차례 죽어 갈 수밖에 없었습니다.

'피카동'[32] 전후

1945년에 들어서자 우지나 전차 종점에 있던 집이 가옥 소개령으로 철거 대상이 되어 나는 미유키 다리(御幸橋)[33] 쪽으로 거처를 옮겼습니다. 4월에는 아들이 집단 소개령으로 야마가타군(山県郡)[34]의 산속에 있는 절로 들어가 버렸습니다.

6월에 아들이 소개되어 지내는 곳에 부모 대표로 방문하게 되었습니다. 아이들은 비쩍 말랐고 온몸이 때에 절어 온통 부스럼이 생겨 있었습니다. 아이들이 사용하는 화장실의 신문지는 폭이 3센티미터, 길이 10센티미터 정

32) 히로시마와 나가사키에 투하된 원자폭탄의 속칭. '피카'는 섬광을, '동'은 폭음을 묘사한 것으로, 굳이 옮기자면 '번쩍 쾅'이라는 의미다. 원자폭탄의 존재를 알지 못했던 당시의 피폭자들이 기존의 공습 체험과는 명백히 다른 위력을 경험적 언어로 묘사해서 만들어 낸 조어다. 원폭을 테마로 한 작품 제목으로도 자주 쓰였다.

33) 히로시마시 동쪽을 흘러 히로시마만으로 들어가는 교바시강(京橋川)의 교량. 폭심지에서 남쪽 2킬로미터에 해당한다.

34) 히로시마시의 북쪽 내륙 지방. 해발 1000미터 정도의 산들이 둘러싼 산간 지역이다.

도로 작게 잘라져 있었습니다.

6월 말이 되자 히로시마는 공습이 한층 격심해져서 밤에도 맘 놓고 잠들 수 없게 되었습니다. 적의 비행기는 집 옆을 흐르는 강의 수면이 하얗게 덮일 정도로 전단지를 뿌렸습니다. 마당에 떨어진 것을 주워 보니, "선량한 일본 국민이여 어서 피난하라. 강력한 폭탄이 떨어져서 참혹한 사태가 벌어질 것이다"라고 붓으로 쓴 달필의 문자가 인쇄되어 있고, 벽돌이 무너지고 부상자들이 고통스러워하는 그림이 그려져 있었습니다. 경찰관들이 작은 배를 타고 수면에 떠 있는 전단지를 모두 수거했습니다. 전단지를 가지고 있는 사람은 처벌받는다고도 했습니다. 경찰관에게 정말 강력한 폭탄이 떨어지는지 물었더니 유언비어라고 했습니다.

직장의 여직원이 구레(呉)[35]의 고향집에 다녀와서 그곳에서 일어난 일을 알려 주었습니다. 여러 아이를 키우는 어느 엄마가 옆집의 쌀을 한 되 훔쳤는데, 그 쌀을 씻어 안치고 있는 것을 본 사람이 신고를 했답니다. 경찰이 출두할 것을 통보하자 그 엄마는 곧바로 우물에 몸을 던져

35) 히로시마현 남서부에 위치한 도시. 세토나이카이를 끼고 있어 해군 부대가 설치된 군항이었다. 현재도 해상 자위대의 거점이다.

죽었고, 건져 올린 시신에 아이들이 매달려 울고 있었다고 합니다. 여직원의 이야기로는 솥에는 막 지은 밥에서 김이 나고 있었다고 합니다.

나는 그 이야기를 집에 자주 들르는 현(県)의 경찰관에게 들려주며 불쌍하다고 했습니다. 경찰관은 말했습니다.

"유언비어예요."

죽음의 거리

공습으로 밤새 한숨도 못 잔 8월 6일 아침, 드디어 경계 경보가 해제되어 겨우 한숨 돌리고 있던 차에 번쩍, 하는 창백한 빛을 느꼈습니다.

오전 8시 15분의 일입니다.

아버지는 전날 밤 대피소에서 주무셨는데, 아침 첫 전차로 돌아와서 뒷문으로 들어와 막 마루에 오르시던 순간이었습니다. 순간 앞이 캄캄해지고 세상의 모든 소리가 딱 정지되었습니다. 정신을 차려 보니 피아노가 쓰러져 있고 주변은 모든 것이 산산조각으로 널브러져 발 디딜 틈도 없는 참담한 수라장이었습니다.

공장의 사무원은 출근 도중에 이렇게 되었다며, 화상으로 피부가 넝마를 걸친 듯 너덜너덜해진 팔을 보여 주었습니다. 구급상자에 약이 있었지만 발라도 발라도 계속 심해졌습니다. 약이 다 떨어지고 정신을 차려 보니 내 어깨의 상처에서도 피가 솟아나고 있었습니다. 아버지가 셔츠를 찢어서 피가 멈추도록 묶어 주었습니다.

그때 시커먼 비가 내리기 시작했습니다.

집 옆의 강가에 묶어 둔 업무용 배가 있었으므로, 직원들과 근처의 사람들이 모두 함께 타고 대피했습니다. 배가 미유키 다리의 교량 아래를 지날 때 수많은 부상자들이 끊임없이 강으로 내려오는 것을 보았습니다. 마치 넝마가 움직이듯 비틀비틀 걷고 있었습니다. 히로시마시 여기저기서 불길이 솟아올라 타오르고 있다며 중얼거리는 소리가 들렸습니다.

나는 때도 아닌데 생리가 시작되어 다량 출혈로 난처한 상황이었는데, 도중에 배의 기관까지 고장을 일으켜서 움직이지 않게 되었습니다. 결국 상륙해야 했으므로 아버지와 나는 직원의 등에 업힌 채 배에서 내렸습니다. 발 디딜 곳도 없는 바위 사이를 기어올라 간신히 연안으로 올라와 보니 미야지마(宮島) 해안가의 관광 도로변이었습니다. 긴 뱀처럼 이어지는 부상자들의 행렬을 만났습니다. 새카맣게 탄 인간을 빼곡하게 쌓아 올린 트럭이 산어귀 쪽으로 지나갔습니다.

이노구치(井ノ口) 전차역 옆 등나무 덩굴 아래에 임시 치료소가 마련되어 있었습니다. 나는 상처를 봉합하는 치료를 받았습니다. 옆에는 신음 소리를 내며 죽어 가고 있는 사람들이 있었습니다. 간신히 미야지마구치의 피난처에 도착했습니다. 계속 계속 많은 사람이 몰려와서 각자 본 일과 당한 일, 들은 일들을 들려주었습니다.

이 무렵 히로시마에 투하된 폭탄에 독가스가 포함되어 있었다는 이야기를 듣게 되었습니다. 독가스는 어떤 전쟁에서도 사용하면 안 되는 금지된 것인데, 미국은 정말 너무하다고 생각했습니다. 게다가 이 폭탄은 특별한 독가스를 뿜어서 1개월 안에는 모두 죽는다든가, 풀도 나무도 전부 시들고 70년간은 사람도 동물도 살 수 없다는 소문이 퍼져 있었습니다. 사람들이 차례차례 죽어 가므로 모든 사람이 두려움에 떨면서 그 말들을 믿지 않을 수가 없었습니다.

원자폭탄이라는 이름을 알게 되었습니다. 이 때문에 즉사하고 또 뒤이어 죽어 간 사람을 애도하는 마음으로, 살아남아 슬퍼하고 탄식하며 괴로워하고 있는 사람들을 위로할 생각으로 가집 《참회》를 만들었습니다. 당시는 GHQ[36]의 검열이 엄격했으므로 발견되면 반드시 사형이라고 들었습니다. 사형을 당해도 좋다는 결심으로, 가족

36) 연합국군 최고 사령관 총사령부(General Head Quarters, the Supreme Commander for the Allied Powers). 제2차 세계 대전 종결과 함께 포츠담 선언을 집행하기 위해 연합국 측에서 일본을 점령 통치한 기관. 1945년 10월 2일 설치되어 연합국군 최고 사령관으로 더글러스 맥아더(Douglas MacArthur) 원수가 취임했다. 1952년 4월 28일 샌프란시스코 강화 조약이 발효되면서 폐지되었다.

이 말리는데도 가만히 있을 수 없는 심정에 비밀 출판을 감행했습니다. 정신없이 열중해서 홀로 울고 있는 사람들에게 한 명 한 명 드렸습니다.

부록－시

모기장의 걸고리

그 번쩍하던 때
입고 있던 옷이 타 버렸습니다

정신을 차려 보니 알몸뚱이

뭐라도 없을지 찾았지만
허둥대느라 눈에 띄지 않네

그래 그래 타다 남은 모기장
나뭇잎처럼 푸른 모기장

이거라도 좋다고 몸에 두르고
히지산 쪽으로 도망쳤습니다

모기장 걸고리가
짤랑짤랑
걸을 때마다 울렸습니다

짤랑짤랑 울렸습니다

蚊帳の釣手

あのピカのとき
着ていたものが　焼けました

気づいて見ると　まっぱの　はたか

なにか　ないかと　探したけれど
あわてていると　見つからない

あった　あった　焼け残りの蚊帳
木の葉のような　青い蚊帳

これでも　よいと　身にまとい
比治山さして　逃げました

蚊帳の釣手が
チャリン　チャリン
歩くたんびに　鳴りました

チャリン　チャリン　と　鳴りました

주둔군

미야지마구치역 앞 이발소 근처 관광 도로에서
어린 여자아이가
지프차에 깔려 죽었습니다

그 아이도 아이의 엄마도 알고 지낸 사이였기에
문상을 갔습니다

훌쩍훌쩍 울면서 아이 엄마가
도로가 아니라
집 근처에서 놀고 있었다고 말합니다

상대가 주둔군이니
어찌할 도리가 없다고 합니다

죽은 사람만 손해라며 젊은 아버지는
움켜쥔 주먹을 무릎에 올리고
창백하게 가라앉아 있었습니다.

進駐軍

宮島口駅前の　床屋のところの　観光道路で
幼ない　女児が
ジープに　ひき殺されました

その子も　母親も　知った仲なので
おくやみに　ゆきました

しく　しく　泣きながら　母親が
道路ではなく
ヤダリで遊んでいたんだっと　いいます

相手が　進駐軍なのですから
どうにも　ならないのだそうです

殺され損で　ありますわいっ　と　若い父親は
握りこぶしを膝に置き
青ざめ　沈んで　おいました

아버지의 죽음

세숫대야 가득 피를 쏟고
위암을 선고받았습니다

1950년과 1951년 당시에는 위암이
원폭과 관계가 있다고는 아무도
알지 못했습니다

그 이후로 이 사람도 저 사람도
계속 계속 위암으로 죽어 갔습니다

아버지는 입원해 수술을 받았습니다
수혈 비용으로 30만 엔의 빚이
생겼다고 했습니다

나도 동생도 도착하기 전에 황망하게도
아버지는 쓸쓸히 숨을 거두셨습니다

알지도 못하는 두 명의 간병인에게

아버지의 임종 순간을 묻고 또 묻고
용서를 빌며 나는 울고 또 울었습니다

父の死

金盥へ　いっぱい吐血して
胃癌を　宣告されました

昭和二十五、六年の当時は　胃癌が
原爆と　関係があるとは　誰にも
わからないのでありました

それから後　あの人も　この人も　と　言うように
ぞく　ぞく　と　胃癌で　死んで　逝きました

父は　入院して　手術しました
輸血代に　三十万円借金が　できた　と
聞かされました

弟も　私も　間に合わず　あわただしく
さみしく　父は　生命を　終ってしまいました

見も知らぬ　二人の付添婦に
父の　臨終のさまを　ひつこく　たずねて
詫びては　泣き　沈む　私でありました

쌀

예전에는 꽤 미인이었을 듯한
사람이 접대부를 하고 있습니다

샤미센을 켤 줄 안다며 콧대가 높습니다

언제나 우울한 모습인데 오늘은 너무도
기분 좋은 얼굴이라 무슨 일인가 했습니다
좋은 일이라도 있는지 물었습니다

미인 접대부가 내 귀에 바짝 대고
사모님 웃지 마세요 당부하며 말합니다

오늘은요 쌀이 두 되 있어서
저녁 걱정이 없거든요

お米

昔は　べっぴん　だったろう　と　思える
ひとが　仲居さんにおります

三味線が　ひけるので　いばって　います

いつも　ゆううつそう　なのに　今日は　バカに
機嫌が良いので　私は　どうされました
なにか　良いこと　ありますか　と　問いました

ぺっぴんの仲居さんが　私の耳へ　口を　もってきて
奥さん　笑いなさいますなっ　と　念を　押して

今日はねっ　米が　二升ありまして　晩ご飯の
心配が　いらないのですよっ　と　いいました

손님을 나무라다

손님이 아름다운 강물을 바라보고
계셨습니다

손목시계를 풀어서 내게 건네셨습니다
이걸 자네에게 유품으로 주겠네 하십니다

술에 취해 하는 말을 어리둥절 흘려듣고
거추장스러우니 잠시 맡아 달라는
의미겠지 생각했습니다

비틀비틀 뛰어들 듯
툇마루의 난간을 넘으려고 하십니다
나는 깜짝 놀라 끌어안아 붙잡았습니다

제발 안 됩니다 강에는 돌들이 많아요
큰일 나요 죽어요 소리쳤습니다

죽으면 다행이지 여기서 죽는 게 소원이다

안 돼요 나는 우는 소리로
손님을 나무랐습니다

으스름달밤이었습니다

お客さまを叱る

お客さまが　美しい　川の水を　眺めて
おられました

腕時計を　はずされて　私に　渡されました
これを　あんたに　形見に　あげるよう　と　いわれます

私は　酒酔さんの　言うことを　呆然と　聞き流し
いま　邪魔だから　預かって　ほしい　と
言う　意味だろう　と　思って　おりました

ふら　ふらっ　と　飛び込もう　と
縁側の　ランカンを　越え　よう　と　されます
私は　びっくり　抱きとめました

頼みます　いけません　川には　石があります
大怪我をします　死にます　と　叫びました

死ねば　いいのだ　ここで　死ねば　本望なんだっ

いけません　私は　涙声で
お客さまを　叱りました

おぼろ月夜で　ありました

왜 이렇게 나른한 것일까

나른하고 나른해서 견딜 수 없는 나
멋 부리기 좋아하는데도
세수하는 것이 귀찮습니다

신문의 활자 따위 귀찮아서
보고 싶지 않지만

커다란 활자 커다란 사진은
귀찮아도 눈에 들어옵니다

국회의 난투극 전학련[37] 소동 광부의 파업

모두 활발해서 좋군요

37) 전 일본 학생 자치회 총연합(全日本学生自治会総連合)의 약칭. 1948년 145개 대학의 학생 자치회 연합으로 결성되었다. 1960년대에 안보 투쟁 등 격렬한 학생 운동을 주도했으나 그 과정에서 조직이 분열되었다.

나도 그렇게 싸울 수 있을 만큼 건강해지고 싶습니다

싸우고 싸우며 인간은 살아가는 거지요
나처럼 되어서는 싸울 수 없습니다

이렇게 나른해서는
하찮을 뿐이지요

どうしてこんなにたいぎいのだろう

たいぎゅうて　たいぎゅうて　ならない私
おしゃれのくせに
顔を洗うのが　たいぎいのです

新聞の活字なんか　たいぎゅうて
見たくないのです　が

大きな活字　大きな写真は
たいぎゅうても　目にはいります

国会の乱闘　全学連の騒ぎ　炭坑のスト

皆元気で　ええですねえ
私も　そんなに　闘えるほど　元気に　なりたいです

闘って　闘って　人間は　生きるのですね
私のようになっては　闘えません

こんなに　たいぎゅう　なっては
つまりません

방사선 장해

히로시마의 한쪽 구석 산파들이 모이는 곳이 있었습니다

너도 그렇지 나도 이상한 것 같아
산파와 산파가 나누는 이야기

조산아 기형아 유산이 종종
드물지 않게 있다니까

남들한테는 말하기 어렵지만
살짝 몰래 나누는 장애아 이야기

원폭 피해자는 장애아를 낳는다는
말이 퍼지면

며느릴 얻을 데가 없어 절대
남들한테 말하면 안 돼

산파들의 규칙이 되었습니다
주둔군의 명령이라는 둥

살짝 몰래 소곤소곤
나누는 말을 들었습니다

放射線障害

広島の　片隅に　産婆さん達の　集まる　所がありました

あんたも　そう思うん　私も　おかしい　と
思うんよ　産婆と　産婆が　いいあって

早生児　奇形児　流産が　時々
さい　さい　あるん　よっ　と

人には　言われんけど　ねっ　と
そっと　ひそかに　かたわの　話

原爆被害者は　かたわを　生む　と

言う　ことに　なったら

嫁の　とりてが　ない　絶対に
他言　しては　いけない　と

産婆さんの　会則に　なりました
進駐軍の　命令　だとか

そっと　ひそかに　ぼそぼそ　と
言い合う　はなしを　聞きました

혹

미야지마구치 산장의 관리인 아주머니가 8월 6일 아침
일찍 찾아와서 나를 데려가려고
설득하고 있었습니다

나와 아주머니는 피아노 옆에 앉아서
이야기를 나누고 있었습니다

자기들만 안전한 산장에 있는 것이 미안하다고
설득하며 죽을 때는
함께 죽자고 합니다

그때 번쩍 터졌습니다
500관[38] 정도의 피아노가 쓰러져 있었습니다
모든 것이 발 디딜 틈 없이 쏟아져 널브러졌습니다

38) 무게의 단위. 1관은 3.75킬로그램에 해당한다.

그 후 관리인 아주머니의 뺨 아래에
멍울이 생겨나 점점 커졌습니다

혹부리 영감 그림책 속의
혹처럼 보입니다

수술을 받았습니다
깨끗하게 혹이 없어졌습니다

또 생겼습니다 그것이 또
점점 커지고 있습니다

こぶ

宮島口山荘の　管理の　ばあやさんが　八月六日の朝
早く　来訪して　私を　連れ帰ろう　と
口説いて　いました

ピアノの側で　私と　ばあやとは　坐して
話を　して　いました

自分達だけ　安全な　山荘に　いるのでは　勿体ないと
思います　と　誘い　死ぬときは
一緒に　死のう　と　いいます

そのとき　ピカッ　と　光り　ました
五百貫　くらいの　ピアノが　倒れて　いました
なにも　かも　コッパミジン　です

其の後　管理の　ばあやさんの　頬の下に
ぐりぐりが　でき　段々と　大きく　なりました

昔話の　こぶとり　じいさんの　絵の
こぶの　ように　見えます

手術を して　貰われ　ました
きれいに　こぶが　なく　なりました

また　できました　それが　また
だんだん　と　大きく　なりよります

오해

미국이 히지산의 육군 묘지를 파헤쳐서
원폭 연구소를 세운다네
분통 터트리듯 푸념하는 사람이 있었습니다

이 사람은 11명의 가족이 원폭으로
즉사했습니다

그로부터 7년째인 1952년 멋들어지게
반원통 모양의 건물이 우리 히로시마의
히지산에 번듯하게 세워졌습니다

ABCC라는 이름이 붙은 피폭 조사표
허탈하다는 듯 갈기갈기 찢어서 버리는 것을
나는 묵묵히 바라보았습니다

피폭자인 우리를 실험 대상으로 또다시
원폭을 만들려는 것이라고 푸념했습니다

그 증거로 치료를 전혀
안 해 줄 것이라고 했습니다

나중에 다른 사람에게 들으니

히로시마의 의사들이 ABCC에
무료 치료를 해 주면 자기들이 먹고살 수 없으니
치료해 주지 말라고
부탁했다고 합니다 사실이라면

한심한 일도 다 있습니다

思いちがい

アメリカが　比治山の　陸軍墓地を　堀りおこし
原爆研究所を　建ちゃあ　がるげな　と
にくにくし　げに　つぶやく　ひとが　ありました

この人は　親身の者を　十一人　原爆で
即死　させられた　ひとなの　です

昭和二十七年　あれから　七年目　あざやかに
かまぼこ型の　建物が　わが　ひろしまの
比治山に　でんと　建ちました

ABCC　と　名を付けた　被爆調査表を　はぐいげに
ずたずたに　やぶり　捨てなさい　ますのを
私は　黙って　みつめました

被爆者の　俺らを　実験に　しゃあがって　またこんど
原爆を　造ろう　と　思やあがるんだとつぶやきました

その　証拠には　治療を　ちっとも　して
くれん　だろう　と　言いました

あとから　他の　ひとから　聞きます　と

広島の　お医者さん　連中が　ABCCに　無料で
治療を　してくれたら　俺らが　めしが　食えん
ようになるから　治療して　くれるな　と
頼んだんだ　そうで　あります　まこと　と　すれば

情ない　ことも　あるもので　あります

종이학

원폭 병원 병실에 여학교 학생들이 종이학을
실에 매달러 왔습니다

큰 것 작은 것 빨강 파랑 하양 금색
실로 이어진 종이학이 바람도 없는데
너울너울 흔들리고 있습니다

옆 병실의 남자 환자가 와서
가늘고 작은 목소리로 내게 속삭이듯이

고모쿠즈시[39] 고명이라면 배라도 채울 것을
저건 아무 쓸모도 없고
처치 곤란이라고 했습니다

그 남자는 고모쿠즈시를 좋아하는

39) 고모쿠즈시(五目寿司)는 스시의 일종으로, 달걀지단과 양념한 채소 등을 잘게 썰어 초밥 위에 색색의 고명으로 얹은 것이다.

사람이었습니다

나는 고모쿠즈시 '고명'이라는 말이 재미있어서
빨강 파랑 하양 금색 종이학이
바람도 없는데 계속 흔들리는 것을 바라봅니다

그 남자는 폐암으로 죽어 버렸습니다

종이학의 등에 바늘로 실을 꿰어 매단 것이
가엽다는 남자가 등에 구멍이 뚫린
금색 종이학을 가지고 와서 구멍에
종이를 붙이고 있습니다

풀을 발라 종이를 붙인 금색 종이학은
그 남자의 손가방 속에 들어갔습니다

그 남자는 피부암 수술을 받았습니다

손가방 속의 금색 종이학은
오죽 갑갑할까 생각하면서

실을 꿰어 매단 종이학이 갑자기
빙글빙글 도는 것을 바라보았습니다

千羽鶴

原爆病院の　病室へ　女学院の　生徒さんが　千羽鶴の
糸を 通しに　来られました

大きいのや　小さいのや　赤や　青や　白や　金色の
千羽鶴が　糸に　つながれて　風もないのに
ふらり　ふらり　ゆれています

隣りの　部屋の　患者の　男が　やって来て
小さな　細い声で　私に　ささやくように

ごもく　ずしの　ごもく　なら　腹の　たしにも
なる　ものを　あれじゃあ　なんにも　ならんが
しょうが　ない　と　言いました

その　男は　ごもく　ずしの　好きな　ひとで
ありました

私は　ごもく　ずしの「ぐ」とは　面白いなあ　と
赤や　青や　白や　金色の 千羽鶴が
風も　無いのに　ゆれて　止まぬのを　見つめます

その男は　肺臓癌で 亡くなって　しまわれました

千羽鶴の　背を　針で　糸を　通して　ぶらさげるのは
かあいそう　だと　言う　男が　背に穴の　あいた
金色の　千羽鶴を　持って　来て　穴に
紙を　貼って　います

金色の　千羽鶴は　糊を　つけられ　紙を　貼られて
その男の　手提カバンの　中へ　入れられました

この男は　皮膚癌を　手術して　貰われました

手提カバンの　中に　入れられた　金色の　千羽鶴は
さぞや　さぞ　きゅうくつだろうなあ　と　思いながら

糸を通され　ぶらさがった　千羽鶴が　急速力で
くる　うる　くる　と　廻るのを　見つめました

목편을 찾는 소년

소년 요시카게 짱[40]은
무너진 집에 깔려 즉사한 엄마를
혼자서 화장했다고 합니다

내 아버지는 생전에
그 이야기를 듣고
깊이 감동해 혼잣말을 하셨습니다

"요시카게는 크게 될 거야"

그 무렵 나는 그 의미를
몰랐습니다만 그 후 많은
눈물을 맛보고 겨우 알게 되었습니다

40) 친한 사이에 이름이나 애칭 뒤에 붙여 친근감을 나타내는 'ちゃん'은 국립국어원의 일본어 표기법에는 '찬'으로 표기하도록 되어 있으나 여기서는 독자의 혼동을 피하기 위해 발음에 가까운 '짱'으로 표기했다.

불탄 집 자리에 요시카게 짱의 어머니는
머리와 팔다리는 백골이 되고 몸통만 남았는데
소년 요시카게 짱이 혼자 화장을 했습니다

“다 타 버린 들판에 태울 만한 목편이 거의
남아 있지 않아서 힘들었죠”

작은 목편을 모으는 요시카게 짱의
손짓을 바라보며 나는 울었습니다

지금은 고등학교 교원이 된 요시카게 짱과
도쿄에서 만났을 때의 이야기입니다

木片を探す少年

少年の　義影ちゃんは
家の　下敷で　即死した　お母さんを
たった　お一人で　お焼きに　なったのだそうです

わたしの　父が　まだ　生きて　いた時の
ことであります　それを　聞いて
しみじみ　と　ひとりごとを　言いました

「義影は　偉く　なるぞっ」と

その頃　わたしは　その　意味が
わかりません　でした　が　あれから　沢山
涙を　味合って　ようやく　わかりました

家の　焼跡に　義影ちゃんの　母さんの　胴体だけ
お骨に　ならないで　あったのを
少年の　義影ちゃんは　おひとりで　お骨になさいました

「焼野原には　燃える　木片が　なかなか
ありません　で　困ったんだっ」

小さな　木片を　集める　義影ちゃん　の
手まね　を　わたしは　みつめて　泣きました

いまは　高校教官に　なって　いる　義影ちゃん　と

東京で　会った　ときの　はなしで　あります

눈을 뜨고 자는 교코

1962년 올해 서른둘
17년 전에는 열다섯 소녀였습니다

근로 봉사대 열다섯 소녀 교코는
히로시마역 부근의 기와를 옮기고 있었습니다

얼굴과 손과 다리의 심한 켈로이드[41]로
밤에 잠들어도 눈꺼풀이 감기지 않습니다

눈을 뜨고 자는 교코를 보며
어머니는 우십니다

41) 켈로이드(keloid)는 외상과 수술 등에 의해 피부가 손상된 후 치유 과정이 비정상적으로 과도하게 일어나 생기는 심한 흉터를 말한다. 섬유 조직이 밀집되면서 흉터 부위가 솟아오르고 통증과 가려움도 오랫동안 수반된다. 부위에 따라 신체의 움직임에 제한이 발생하기도 한다. 살이 부풀어 오른 부분을 수술로 제거해도 회복 과정에서 다시 생겨나므로 원폭 당시 화상이나 열상을 입은 환자들 대다수가 켈로이드를 평생 낙인처럼 지니고 살 수밖에 없었다.

분을 얇게 바르는 편이 눈에 띄지 않을 텐데
켈로이드를 감추려고 두꺼운 화장을 합니다

거울 속의 추한 얼굴을 보고는 울고 있습니다
혼담도 들어왔다가는 깨져 버립니다

이제 절대 맞선은 안 본다며 어젯밤도 울었습니다

眼をあけて眠る京子

一九六二年の　ことし　三十二歳で　ありますから
十七年前は　十五歳の　少女で　ありました

十五歳の　少女の京子は　勤労奉仕隊で
広島駅付近の　瓦を　はこんで　いました

顔と　手と　足に　ひどい　ケロイドで
夜　眠っていても　まぶたが　ふさがりません

眼を　あけて　眠る　京子を　見ては
おかあさんは　泣かれます

おしろいを　薄く　した方が　目だた　ないのに
ケロイドを　かくそう　と　思って　濃化粧をします

醜い　顔を　鏡で　見ては　泣いて　います
縁談も　あっては　破れ　まとまりません

絶対に　もう　見合いは　せん　と　昨夜も　泣きました

특효약

방사선 장해의 독성을 없애는 특효약을
미국 놈은

분명 가지고 있으리라고 피폭으로 신음하는 자는
생각하는 것이었습니다

미국군이 비행기를 타고 와서 주사약을
자랑스럽게 내보입니다

이 주사를 맞으면 씻은 듯 낫는다고
손짓으로 설명합니다

내가 피난했던 미야지마구치 산장에서 임종을 맞은 남자의
꿈 이야기입니다

특효약을 손에 넣고 싶어 안달하는 일본인의
애처로움은 남의 일이 아닙니다

特効薬

放射能障害の　毒素を　散失する　特効薬を
アメリカの奴は

屹度　持って　いるだろう　と　被爆して　呻吟して
いる者は　思うので　ありました

アメリカ兵が　飛行機で　やって来て　注射薬を
みせびらかします

これをうつと　けろりと　治るんだっ　と
手まねを　いたします

私の　疎開先　宮島口山荘に　臥床の　臨終の男の
夢物語りで　ありました

特効薬を　手に入れたさに　もがく　日本人の
哀しさは　ひとごとでは　ありません

평화대회[42]

준코 씨 부부는 두 사람 다 부모를 원폭으로
잃었습니다

검은 원피스를 입은 준코 씨가
오랜만에 놀러 왔습니다

준코 씨 평화대회에 참가하셨나요
물었습니다

준코 씨는 하얗고 동그란 얼굴을 가로저으며
저는 그런 데 안 가요

전 세계 사람들이 와서 저렇게
소란을 떠는 건 싫어요

42) 히로시마시에서 원폭 사망자 위령과 세계 평화를 기원하기 위해 1947년부터 시작된 행사다. 현재는 '평화기념식전'으로 불리며 각국의 인사들을 초청해 매년 8월 6일 개최된다.

그날은 조용히 울게
내버려둬 줬으면 좋겠어요

너무 소란을 떨면 히로시마를 그냥
빠져나가고 싶어요

조용한 산에 들어가서 마음껏
울고 싶어요

8월 6일은 조용히 그냥
내버려두라는 준코 씨는

구호뿐인 평화대회가 되지 않기를
모쪼록 바란다고 합니다

울고 있는 준코 씨가 진정한 행복에
한 걸음 한 걸음 다가가려면 어떻게 해야 할까요

平和大会

純子さんご夫婦は　二人共に　父母を　原爆で
亡くされました

黒い　ワンピースを　着た　純子さんが
久し振りに　遊びに　来ました

純子さん　平和大会へ　行ったのですか　と
問いました

純子さんは　白い丸い顔を　横に　振って　私
あんな　処へ　ゆかないの

世界中の　ひとが　来られて　あんなに
さわがれるのは　嫌いです

あの日は　静かに　そっとして
泣かして　ください　と　いいたいです

あんまり　さわがれる　と　広島を　そっと
抜け　出し　たく　なります

静かな　山に　はいって　思い切り
泣きたい　と　思います

八月六日は　そっと　静かに　して　おいて
ください　と　いう　純子さんは

かけ声　ばかりの　平和大会で　ありません　ように　と
よろしく　たのみます　と　いいます

泣いて　いる　純子さんを　ほんとうの　仕合せに
一歩一歩　近づけますのには　どうしましょう

해 설

이 책은 1945년 8월 히로시마에서 피폭당한 쇼다 시노에(正田篠江)가 당시의 체험을 읊은 가집《참회(さんげ)》를 완역한 것이다. 1947년에 간행된 초판본은 단 100부(기록에 따라서는 150부)를 인쇄한 것으로, 현재 확인되는 것은 히로시마 원폭 자료관에 소장된 1부가 유일하다. 번역은 저자의 두 번째 저작인《이명－원폭 가인의 수기(耳鳴り-原爆歌人の手記)》(1962)에 재수록된 것을 저본으로 삼았는데, 중간중간 창작 배경에 대한 설명이 간단한 주석 형태로 추가되어 있어 작품 이해에 도움이 된다고 판단했기 때문이다. 함께 번역한 에세이와 시 역시 같은 책에서 발췌한 것으로, 피폭 이후 저자의 생활과 작품 활동을 알려 주는 자료로서 덧붙였다. 초간본과 재수록본은 일부 단어 수준의 수정을 제외하면 작품의 내용과 배열 순서가 동일하다고 알려져 있으나, 대조 결과 재수록 당시 6수가 빠지고 다른 1수가 추가된 것을 확인했다. 이 책에서는 재수록본을 기준으로 하되 빠진 작품도 복원해서 번역했다.

《참회》는 단카(短歌) 100수로 이루어져 있다. 단카는 5·7·5·5·5의 음수율을 지니는 짧은 정형시다. 8세기 문헌인 《만엽집(万葉集, 만요슈)》을 기원으로 해서 현재까지 1300년 넘게 이어지며 일본적 서정의 근본을 이루고 있는 시형이다. 오랜 역사 속에서 체화한 운율과 짧은 형식으로 인해 전문 작가뿐 아니라 일반인들도 활발히 창작에 참여하고 있는 국민적인 문학 형식이기도 하다. NHK 강좌나 지역 문화 센터를 통해서 누구나 쉽게 입문이 가능하고 전문 동인 집단에 가입해서 활동할 수도 있다. 전국의 일간지에 투고란이 운영되고 있으며 최근에는 인터넷이나 SNS를 활용해서 작품을 발표하기도 한다. 일상 속 순간순간의 느낌을 기록한 일반인들의 작품은 사회적 이슈에 대한 반응을 실시간으로 담아내는 경우가 많으므로 종종 여론의 징표로도 인용된다. 즉, 단카는 민중성과 시사성을 주요 특징으로 하는 시 형식으로, 사회적 사건에 대해 다른 어떤 장르보다 기민한 창작을 보여 준다.

원폭 체험을 바탕으로 한 창작물 중에서도 단카는 가장 먼저 등장했다. 최초의 공적 발표는 1946년 3월 히로시마에서 간행된 잡지 《중국 문화(中国[43]文化, 주고쿠분카)》에 수록된 작품들을 꼽는데, 쇼다의 작품이 처음 발표된 것은 같은 해 8월이다. 단카 잡지 《불사조(不死鳥)》 제

7호에 〈아아! 원자폭탄〉이라는 제목으로 39수가 게재되었고, 이를 바탕으로 가집 《참회》가 간행된 것은 1947년 12월이다. 이 외에도 원폭 투하 직후부터 수많은 단카가 창작되었지만, 연합군 최고 사령부(GHQ)의 엄격한 규제와 검열 탓인지 대부분 점령 통치가 해제된 1952년 이후에 발표된다. 《참회》가 간행될 수 있었던 것은 공식 출판이 아니라 사적으로 소량 인쇄해 지인들에게만 배포한 형태였기 때문이다. 발각되면 사형을 당할지도 모른다는 두려움 속에서 감행한 이 '비밀 출판'은 뒷날 최초의 원폭 가집이라는 이름과 함께 전설처럼 회자되게 된다.

《참회》는 폭발 순간과 참상, 생존자들의 상황까지 완결된 구성으로 담아낸 최초의 작품이기도 하다. 첫머리에 현재 '원폭 돔'이라 불리는 파괴된 건물과 폐허를 그린 삽화와 함께 서가(序歌)를 배치하고, 이어서 〈원폭 투하〉, 〈지옥의 히로시마〉, 〈임시 치료소〉, 〈전쟁 때문인가〉, 〈살아남은 자의 고통〉 등의 소제목으로 단카들을 분류해 수록했다. 첫째 수는 원폭이 작렬하는 순간부터 시작된다.

43) 일본 영토를 여덟 개 지방으로 구분하는 지리상 명칭의 하나로, 시마네현(鳥取県), 돗토리현(島根県), 오카야마현(岡山県), 히로시마현, 야마구치현(山口県)을 묶어서 주고쿠 지방으로 부른다.

번쩍 쾅
그리고 순간 정적
눈을 떠 보니 펼쳐진 수라장에 처참한 신음 소리

바로 눈앞에 이 무슨 사태인가
누런 연기가 빙글빙글 빙그르
순간 지나쳐 간다

산산조각 발 디딜 틈도 없는
잔해 더미 속
피투성이 얼굴은 내 아버지의 얼굴

〈원폭 투하〉

불길을 뚫고 간신히 빠져나와
뛰어든 강물
사체를 올라타고 날 밝길 기다린다

〈지옥의 히로시마〉

석탄이 아닌
새까맣게 타 버린 인간이라네

빼곡히 쌓아 올린 트럭이 지나간다

〈전쟁 때문인가〉

통나무처럼 강물 위에 떠오른
수많은 사체
장대에 갈고리를 달아서 푹 찔렀다

술을 마시고 마시고 또 마시고
남자의 눈빛 눈물에 번뜩인다
사체를 태우면서

〈살아남은 자의 고통〉

녹아 오그라든 양철 도시락 속에
담겨진 유골
이것만이 오로지 현실 바로 그 자체

〈희생 학도의 어머니〉

아직 숨 쉬는 산 생명들이건만
상처 위에는
구더기가 들끓어 기어다니고 있다

〈이재민 수용소〉

섬광과 굉음, 순간의 정적을 거쳐 엄청난 속도로 회전하면서 피어오르는 누런 연기의 모습, 그리고 부상당한 부친과 자신의 상태, 사람들의 끔찍한 고통이 차례로 이어진다. 화상을 입고 강물로 뛰어든 사체를 갈고리로 찍어서 인양하고, 순식간에 새카맣게 타서 굳어 버린 사체를 짐짝처럼 실어 나르고, 수많은 시신들을 제대로 된 절차나 의례도 없이 소각 처리하는 광경 등, 시내 곳곳에서 화장 연기가 한동안 끊이지 않았다는 히로시마의 풍경이 핍진하게 재현되어 있다.

단카는 한 수로 독립되는 짧은 정형시지만 특정 제목 아래 연작 형태로 구성하면 서사적 전개를 보여 줄 수 있다. 각각의 제목 아래 엮인 작품들은 본인의 체험은 물론 지인으로부터 전해 들은 상황까지 포함해 당시 히로시마 사람들의 이야기를 생생하게 들려준다. 네 번째 단카는 시누이의 체험담으로, 딸을 불길 속에 내버려두고 홀로 도망쳐서 뛰어든 강물 속에서 떠내려오는 시체에 매달려 하룻밤을 연명했지만 구조 직후 결국 사망했다고 한다. 여기저기 떠 있는 시체를 뗏목 삼아 올라타고 목숨을 부지한다는 것은 체험자가 아니면 상상할 수도, 이해할 수도 없는 적나라한 사실이다. 유골을 수습하는 데 쓸 수 있는 것이 타다 남은 양철 도시락이 전부인 현실. 소독이나 치료를 받지 못해 상처를 뒤덮은 구더기. 이러한 선명한 기록들은 그 어떤 서사보다 강한 리얼리티를 전달하는 생생한 증언이라고 할 수 있다.

쇼다의 단카는 최초에는 매우 엇갈린 평가를 받았다. 발표를 위해 처음 작품을 보여 준 스승 야마즈미 마모루는 '단카가 아니다'라고 혹평했다고 한다. 반면 최초로 작품을 게재해 준《불사조》의 주재자 스기우라 스이코는 쇼다를《만엽집》의 여성 가인에 비견하며 새로운 경지를 개척한 것으로 절찬했다. 이처럼 극단적으로 상반된 평가는 쇼다가 읊고 있는 내용과 창작 기법이 서정시로서 단카가 추구해 온 미의식의 한계를 넘어서는 것이었기 때문일 것이다.《참회》의 작품들은 확실히 기성의 정돈된 작품과는 상당히 다르다. 이른바 전통적인 우미한 서정과는 거리가 먼 이질적인 것이고, 정형을 벗어나는 파조나 거칠고 서툰 표현들도 적지 않다. 하지만 원폭 피폭이라는 초유의 사태, 그 극한의 참상은 사실 언어를 초월하는 경험이었다고 할 수밖에 없다. 따라서《참회》는 눈앞에서 시시각각 벌어지는 현상을 마치 카메라의 렌즈처럼 연속적으로 포착해서 보여 주는 기법으로 이루어져 있다. 숨 가쁘게 촬영한 사진처럼 때로 불안정한 구도와 흔들림이 노출되지만,

그만큼 절박한 심정이 스피드와 박력으로 다가온다. 대표적 원폭 시인인 구리하라 사다코(栗原貞子)의 말을 빌리면, 극한의 원폭 지옥에 온몸으로 부딪쳐 그 자체를 거침없이 포착하고 있는[44] 것이다. 이때 전체적 분위기를 담는 것이 아니라, 피투성이 얼굴, 찢어진 인체, 시체를 소각하는 남자의 눈빛과 같이 세부에 초점을 두고 클로즈업하는 것도 특징이다. 오로지 대상을 즉물적으로 묘사할 뿐, 주관적인 감상이 일절 개입되지 않은 표현법이다. 짧은 호흡 속에 담아낸 이러한 강한 이미지 환기력은 현재 원폭단카 스타일의 완성, 또는 원폭 문학의 출발점에 위치하는 작품으로 평가되고 있다.[45]

그런데 처참하고 비통한 광경을 노래하는 작품들을 읽어 가다 보면 한국의 독자들은 이런 의문이 들 것이다. 일본인들이 과연 원폭에 희생된 순수한 피해자인가? 그들에게 피해를 호소할 자격이 있는가?

44) 栗原貞子, 〈正田篠枝さんへの手紙－《原水爆時代》を読んで〉, 《(どきゅめんと)ヒロシマ24年 : 現代の救濟》, 社會新報, 1970, p.23.

45) 伊藤一亘, 〈歌人正田篠枝 占領下でひそかに刊行－原爆歌集〈さんげ〉発見〉, 《中国新聞》, 2011. 9. 23. ; 梅原勝已, 〈正田篠枝 生誕100年 惨状伝える〈原爆短歌〉〉, 《中国新聞》, 2010. 8. 8.

사실 원폭 투하를 초래한 이 전쟁은 일본이 일으킨 만주 사변에서 촉발되어 중일 전쟁, 진주만 공습으로 이어진 것이다. 15년에 걸친 전쟁 기간 동안 한국과 중국은 물론 동남아시아와 태평양 일대까지 일본의 야욕에 의한 전화에 휩쓸려 다대한 피해를 입었다. 하지만 패전 이후 일본인들은 군국주의 정부가 일으킨 전쟁에 국민은 속아서 동원된 것이라는 인식 틀 속에서 전쟁 책임을 회피해 갔다. 여기에 히로시마와 나가사키의 원폭 체험은 피해자로서 정체성을 강화하는 집합적 기억으로 기능했다. 나아가 전후에 채택된 평화 헌법의 이미지가 더해지면서, 일본인은 전쟁과 군대를 부정하고 평화를 사랑하는 국민이자 유일한 원폭 희생자로서 반핵과 평화를 촉구한다는 '피폭 내셔널리즘'을 형성해 온 것이다. 그렇다면 '피해' 체험을 기반으로 창작되어 온 원폭 문학은 그러한 전후 일본의 국민적 정체성을 구성하고 뒷받침해 왔다고도 할 수 있을 것이다. 실제로 쇼다의 다음 단카도 히로시마 평화 기념 공원에 설치된 〈원폭 희생 국민학교 교사와 아이들의 비〉(1971. 8. 4. 제막)에 새겨져서 무고한 희생을 부각하는 역할을 하고 있다.

커다란 뼈는 아마 선생이겠지

그 바로 곁에
머리 작은 아이들 뼈가 모여 있구나
〈애처로운 근로 봉사 학도여〉

순식간에 소사(燒死)해 백골만 남은 탓에 유골의 크기 정도밖에 구분할 수 없는 현장을 클로즈업한 기법이 마지막 순간을 함께한 교사와 아이들의 모습을 떠올리게 한다. 어떤 재난에서도 아이들의 죽음은 더 비통한 법이므로, 《참회》에서도 학생들의 죽음과 그 부모들의 이야기는 큰 비중을 차지한다. 특히 이 단카에 대해서는 창작 배경이 밝혀져 있는데, 사망한 교사는 히로시마시 다케야(竹屋) 소학교의 미쓰나리 센이쓰(光成選逸) 교장이고, 미망인으로부터 유골을 수습한 상황을 직접 듣고 창작한 것이다. 그런데 이 노래가 새겨진 위령비는 여교사가 어린 학생을 힘겹게 안고 있는 모습의 동상으로 제작되어 있다. 아이들과 함께 사망한 교사의 대표 이미지를 여성으로 각인한 것인데, 이는 원폭이나 전쟁의 폭력이 함의하는 남성성의 대극으로서 연약하고 무고한 피해자를 강조하는 효과를 만들어 낸다. 미망인에 대한 쇼다의 개인적 공감을 담은 단카가 히로시마 평화 기념 공원의 비에 새겨지고 매년 위령제에서 사람들에게 회자되면서, 피폭 국민 일본인을 '무고한 희생자'로 표상하는 집합적 기억을 구축하고 있는 것이다.

히로시마 평화 기념 자료관 웹사이트에서 제공하는 해설에 따르면 이 위령비는 '원폭의 불길 속에서 죽어 간 아동들과 교사의 원통함'을 표현한 것이라고 한다. 나아가 '원폭을 허용해서는 안 된다'는 평화 교육을 현재 및 미래로 추진하는 결의로서 건립했다고 되어 있다. 세계 유일의 피폭 국민으로서 같은 비극이 되풀이되지 않도록 반핵과 평화를 호소한다고 하는 전후 일본의 주류 서사를 그대로 반영한 것이다. 그런데 원폭 사망자들을 추도하고 기억하는 행위가 곧바로 반핵과 평화의 주장으로 이어지는 것은 어딘가 기묘하다. 이 '원통한 죽음'들이 왜 발생하게 되었는지에 대한 질문과 성찰이 완전히 결락되어 있기 때문이다.

히로시마는 메이지(明治) 시대 이후 군도(軍都)로서 발전해 온 도시로, 청일 전쟁 때부터 아시아 침략의 병참기지였다. 태평양 전쟁 말기에는 서일본의 군대를 통할하는 사령부가 설치된 육군의 주요 거점이었고, 히로시마의 시민 대부분은 일본 제강(日本製鋼), 미쓰비시 중공업(三菱重工業) 등의 제철소나 기계 제작소에서 군수 물자 생산에 종사했다. 주요 군항이자 일본 최대의 조선소가 위치한 나가사키도 마찬가지다. 명령에 의해 동원된 것이고 피할 수 없는 제국 국민의 일상이었다고 해도, 민중의 이러한 전쟁 협력 행위가 원폭 투하와 참상의 '전사(前史)'로서 엄연히 존재하는 것이다.

하지만 일본의 원폭 담론에서 이러한 전쟁 책임은 언급되지 않거나 부정되어 왔다. 원폭 투하를 초래한 이 기나긴 전쟁이 애초에 어떻게 시작되었는지, 역사적 맥락이 완전히 소거되어 있다고 해도 과언이 아니다. 원폭이 작렬하던 순간 모든 것이 망각되어 버린 듯, 오로지 1945년 8월 6일과 9일의 참상만을 호소하고, 나아가서는 원폭 피폭을 반핵과 평화를 위한 고귀한 희생으로 포장한다. 전쟁 책임에 대한 철저한 논의를 생략해 버린 이러한 논리는 결국 '가해자가 없는 피해'라는 모순으로 귀결되는 것이다. 그 결과 원통한 죽음을 말하면서도 그 이유를 알 수 없고, 사망자에 대한 애도 역시 결코 완성될 수 없다. 피폭자들은 오히려 소외되고 혼자 살아남았다는 죄의식 속에 남겨지며, 주변 국가들의 공감도 얻기 어려운 것이다.

그렇다면 일본인들의 고통과 피해를 호소하는 원폭 문학을 우리는 왜 읽어야 하며 또 어떻게 받아들여야 할까? 다시 가집 《참회》로 돌아가면, 이 노래들은 자신이 보고 듣고 체험한 피폭 상황을 토로한 것들이다. 그런데 개인의 직접 경험에서 비롯한 사적 기억은 국가와 사회의 문화에 뿌리내린 집합적 기억으로 편제되는 순간 공적인 역사 담론의 프레임과 엮여 버리는 경우가 많다. 하지만 이 노래들에는 '평화'라는 단어 자체가 등장하지 않는다. 여기서 읽을 수 있는 것은 피폭자가 처한 구체적 현실일 뿐이다. 쇼다가 직접 언급한《참회》의 간행 의도를 들어 보자

> 원자폭탄이라는 이름을 알게 되었습니다. 이 때문에 즉사하고 또 뒤이어 죽어 간 사람을 애도하는 마음으로, 살아남아 슬퍼하고 탄식하며 괴로워하고 있는 사람들을 위로할 생각으로 가집《참회》를 만들었습니다. … 정신없이 열중해서 홀로 울고 있는 사람들에게 한 명 한 명 드렸습니다.
>
> 〈죽음의 거리〉에서

전후 일본의 원폭 담론은 피폭자들이 반전과 평화를 희구할 것이라고 전제해 왔지만, 쇼다가《참회》에 담고자 한 것은 그러한 거대한 메시지가 아니라 그저 살아남은 자로서 죽은 자에 대한 애도와 고통의 공유였음을 알 수 있다. 타인의 체험까지 노래하고 그 가집을 나누어 함께 읽는다는 것은 피폭 당사자로서 그들의 심정을 대변함으로

써 공감과 위로, 치유를 소망한 것이었다고 할 것이다. 피폭 체험은 사실 지우고 싶은 기억일 것이다. 그럼에도 불구하고 참혹한 순간들을 떠올려 창작하는 행위는 너무나 비인간적인 체험에 대한 고통을 이해받고 스스로도 납득하고자 하는 노력이라고 할 수 있다. 그것은 '왜 이런 일을 당해야 하는가?'라는 질문으로 이어지는 것으로, 망각된 기억이 복원되는 출발점이다. 다음은 쇼다 스스로 밝힌 가집 제목의 유래와 '참회'를 직접 언급한 단카다.

> 이 비참함을 체험하고, 왜 이런 일을 당해야 하는가에 대해 타인을 원망할 뿐만 아니라 책망해야 할 대상 속에는 자신도 있다고 생각했습니다. 그리하여 신기하게도 살아남아서 병고에 시달리지 않으면 안 되는 자신을 돌아보며 참회하지 않을 수 없었습니다. 그래서 참회라고 제목을 붙였습니다.
>
> 〈가집 《참회》의 제목에 대해〉

혼돈의 세상 그 한가운데에서
패인에 대해 곰곰이 생각하다
참회에 사무친다

우리 국민들
무기를 들지 않는
대참회의 마음을 갖고 깊은 믿음 속에 살리라

〈혼돈 속에서 태어나는 것〉

'왜, 이런 일을 당해야 하는가?'라는 질문의 끝에서 쇼다는 원폭의 비참함을 겪게 된 책임이 자신에게도 있다는 인식에 이르고 있다. 이 문맥에서는 책망해야 할 대상으로서 자신의 책망받을 행위가 무엇인지 명확하지 않지만, 수많은 죽음 앞에서 우연히 살아남은 죄의식을 말하고 있는 것으로 볼 수도 있을 듯하다. 하지만 더 중요한 것은 고통의 원인을 자신에게 돌리는 비판적 성찰이 이루어지고 있다는 점이다. 실제로 《참회》에는 자신의 이기심이나 전쟁 중의 무지함을 돌아보는 작품들도 포함되어 있다. "무기를 들지 않는"다는 평화 헌법의 제정을 언급한 단카는 가집의 마지막 노래로서, "원자폭탄에 짓밟힌 나는 부지불식간에 짓밟았던 과거를 생각"한다는 해설이 덧붙어 있다. 아시아 각국에 대한 가해를 명확히 말한 것은 아니지만 일본 국민으로서 전쟁에 협력한 책임에 대한 자각을 읽을 수 있다. 나아가 그것을 국민의 참회로 말하고 있다는 점에서 가해국의 국민이라는 인식을 드러낸 것으로 볼 수 있다. 요컨대 《참회》의 단카들은 피폭 내셔널리즘에 기반한 공적인 원폭 담론이 형성되는 과정에서 배제된 피폭자들의 진정한 목소리를 전해 주는 것이다.

그리고 이러한 인식을 바탕으로 할 때 비로소, 왜 이런 일을 당해야 하는가 하는 피폭자들의 호소는 실존적 물음이자 원폭이라는 살상 무기에 대한 경종으로 다가온다. 《참회》의 노래들이 사망자에 대한 애도와 유족들의 슬픔을 함께하기 위한 것이었다는 점을 다시 상기하면, 피폭자들이 말하는 참상은 사실 평화나 반핵으로 연결되기 이전에 죽음과 결부되어 있는 것이다. 혈육과 이웃의 죽음을 눈앞에 두고도 아무것도 할 수 없었고, 수많은 죽음을 인간으로서 용납할 수 없는 방식으로 처리할 수밖에 없었던 체험이기 때문이다. 따라서 피폭의 참상을 노래한 단카는 그러한 처참한 죽음의 이유를 끊임없이 묻고 있는 것이며 무너진 인간성의 회복을 희구하는 것으로 기억될 필요가 있다.

1945년 8월 이후 80년, 피폭 당시를 기억하는 사람은 이제 거의 남아 있지 않다. 그리고 오늘날 세계는 점점 더 커지는 전쟁과 핵무기의 위협 속에 놓여 있다. 원폭 문학은 일본에만 존재하는 장르이지만, 과오의 역사와 대가를 일깨우고 기억하기 위해, 또 다른 누군가의 과오를 막고 인간의 실존적 삶을 지켜 나가기 위해, 일본인과 함께 우리가 읽어 나가야 할 기록이기도 하다.

지은이에 대해

쇼다 시노에(正田篠枝, 1910~1965)는 히로시마현 에다시마시(江田島市)에서 태어났다. 아키(安芸) 고등여학교를 졸업한 후 22세에 결혼했지만 일찍 사별했고, 어린 아들과 함께 친정으로 돌아와 가업을 도왔다. 그녀의 집안은 대대로 제분업을 경영해 왔지만 부친이 1920년대에 들어 철공소를 열고 용접과 소형 선박의 엔진 수리 등을 시작했다. 전쟁 중에 어선의 엔진을 개량한 제품이 육군의 상륙용 주정(舟艇)에 채용되면서 크게 번창했다. 군수물자 생산으로 부를 축적한 것인데, 이러한 직접적 전쟁 협력 행위는 뒷날 스스로를 가해국 국민으로 인식하게 되는 바탕이었다고 여겨진다.

1945년 8월 6일 8시 15분, 히로시마에 원폭이 투하되었을 때 쇼다는 폭심지에서 약 1.7킬로미터 떨어진 자택에서 부친과 함께 피폭당했다. 건물 붕괴로 인한 열상을 입었으나 다행히 목숨을 건져 피난길에 올랐는데, 공장은 무너지고 쓸 만한 가재도구와 귀중품은 피난 중에 모두 도난당했다. 당시는 방사선 피해에 대한 지식이 없어 전혀

예상하지 못했지만 얼마 후 부친이 위암을 선고받았고, 자신도 악성 빈혈과 이명, 만성 쇠약 등 피폭 후유증에 시달리게 된다.

1948년 재혼해 차남을 낳았으나 얼마 안 가 남편의 외도로 이혼했다. 이후 홀로 장남을 양육하며 여관을 운영했는데, 부친의 병원비로 사용한 대출금을 갚지 못해 늘 생활고에 쫓겼다. 1953년부터는 원폭 후유증이 심해져서 입원과 퇴원을 반복하는 나날이었다. 이 무렵 루이주(淚珠)라는 법명을 받고 유발 비구니가 되는데, 독실한 불자였던 그녀의 인생관은 정토진종을 교육 이념으로 한 여학교에서 비롯한 것이다. 1963년 유방암 진단을 받은 후에는 치료를 거부하고 창작 활동과 사망자들의 명복을 기원하는 기도에 전념했다. '나무아미타불' 여섯 자를 30만 회 쓰는 '30만 명호 서사(書寫)'를 발원하고 사망 5개월 전에 마침내 완성했다. 그 장절한 과정과 투병 기록은 NHK 다큐멘터리로 2회에 걸쳐 방영되었다(1965. 4/11). 1965년, 향년 54세로 영면했다.

단카를 창작하기 시작한 것은 20세 무렵부터로, 잡지에 투고하며 야마즈미 마모루, 스기우라 스이코 등에게 사사했다. 원폭 투하 직후부터 창작한 것으로 여겨지는《참회》의 작품에도 불교 사상의 영향이 짙게 깔려 있다. 특히

가집의 간행과 배포가 사망자에 대한 애도와 고통의 공유를 목적으로 하고 있다는 점으로 보아, 그녀에게 단카의 창작은 단순한 문학 활동을 넘어 구도적 삶을 추구하는 과정이었다고 여겨진다. 1959년 '원수폭 금지 어머니회' 결성에 참여해 반핵·평화 운동 및 일본의 재군비 추진에 반대하는 활동을 전개한 것도 그 연장으로 볼 수 있다. 1961년부터는 기관지 《히로시마의 강(ひろしまの河)》 발행에 관여해 단카 외에 시, 동화 등도 발표했다. 여관을 운영하며 만난 히로시마 사람들의 신산한 삶을 기억하고, 전쟁과 원폭의 두려움을 다음 세대에 전달하고자 하는 작품이 주를 이룬다.

1주기에 맞추어 유고집으로 《백일홍－이명 이후(百日紅－耳鳴り以後)》와 동화집 《피캇코 짱(ピカッ子ちゃん)》이 발간되었다. 동화집을 편집한 구리하라 사다코는 쇼다와 원수폭 금지 운동을 함께한 동지이자 진정한 이해자로서, 반핵·반전 운동 과정에서 그녀의 삶과 작품을 지속적으로 언급했다. 원폭 문학사는 구리하라를 피해자이기 이전에 '가해국 국민으로서 피폭자'라는 인식을 표현한 선구적인 작가로 기록하는데, 그러한 인식은 《참회》에서 이미 시작된 것이다. 구리하라의 대표작 〈히로시마라고 말할 때(ヒロシマというとき)〉는 쇼다와의 인연을 출발

점으로 해서 그 정신을 계승한 것이라고 해도 좋을 것이다.

옮긴이에 대해

박지영(朴智暎)은 한국외국어대학교 대학원에서 일본 문학을 전공했고 같은 대학원 비교 문학과에서 박사 학위를 받았다. 석사 논문 〈이시카와 다쿠보쿠(石川啄木)의 자기 인식에 대한 고찰〉을 쓰면서 단카와 인연을 맺은 이후 현재까지, 일본인과 일본 문화, 일본 역사를 이해하는 통로로서 단카 연구를 이어 오고 있다. 최근에는 인하대학교에서 인문 사회 학술 연구 교수로서 단카를 통한 전쟁 기억의 구축과 계승 양상에 관한 연구를 진행했다. 주요 관심사는 일본 사회에서 가해의 기억이 자기 정체성으로 상기되고 계승될 수 있는지에 관한 것으로, 쇼다 시노에의 《참회》는 그 가능성을 보여 준 책이다.

저서로 《부흥 혹은 멸망의 근대 문학－시조와 일본 단카의 비교 연구》(우리영토, 2024), 옮긴 책으로 《시키와 소세키 왕복 서간집》(지식을만드는지식, 2016), 《헝클어진 머리칼》(지식을만드는지식, 2022 개정) 등이 있으며, 논문 〈기억 장치로서의 단카－일본 사회의 집단 기억과 정체성 형성의 기제〉(《세계문학비교연구》 75, 2021), 〈전쟁 단카의 수용 양상과 일본의 역사 인식〉(《외국문학연구》 87, 2022), 〈전쟁 단카와 가해의 기억—트라우마 체험의 이해와 성찰의 형식〉(《인문과학》 133, 2025) 등을 저술했다.

참회

지은이 쇼다 시노에
옮긴이 박지영
펴낸이 박영률

초판 1쇄 펴낸날 2025년 12월 26일

커뮤니케이션북스
출판등록 제313-2007-000166호(2007년 8월 17일)
02880 서울시 성북구 성북로 5-11
전화 (02) 7474 001, 팩스 (02) 736 5047
commbooks@commbooks.com
www.commbooks.com

지식을만드는지식은
커뮤니케이션북스(주)의 고전 출판 브랜드입니다.

ISBN 979-11-430-1553-2 03830

책값은 뒤표지에 있습니다.